W0180139

Doris Iding

Vertrau dem Buddha in dir

Doris Iding

Vertrau dem Buddha in dir

*Wie man auf der Suche
nach dem Glück
bei sich selbst ankommt*

nymphenburger

Alle Leserinnen bitte ich um Verständnis, dass ich aus Gründen der Lesbarkeit in der Regel die männliche Form in meinen Texten verwende und z. B. von Lehrern und Meistern spreche. Es versteht sich aber von selbst, dass damit auch immer Lehrerinnen und weise Frauen gemeint sind.

Michaela K.
in großer Dankbarkeit gewidmet

© 2015 nymphenburger in der
F.A. Herbig Verlagsbuchhandlung GmbH, München
Alle Rechte vorbehalten.
Das Nisargadatta-Maharaj-Zitat auf S. 29 stammt
aus dem Buch »Ich bin«, © J. Kamphausen Verlag, Bielefeld 1998.
Der Abdruck erfolgt mit freundlicher Genehmigung.
Schutzumschlag: atelier-sanna.com, München
Schutzumschlagmotiv: Corbis
Satz: Buch-Werkstatt GmbH, Bad Aibling
Gesetzt aus: 10,8/14,9 pt Sabon
Druck und Binden: GGP Media GmbH, Pößneck
Printed in Germany
ISBN 978-3-485-02830-1

Auch als

www.nymphenburger-verlag.de

Wie erstaunlich!
Alle lebenden Wesen besitzen die Buddhanatur
des Erwachens und der Freiheit,
und doch ist ihnen dies nicht bewusst.
Dieser Tatsache nicht gewahr,
durchmessen sie Lebenszeit um Lebenszeit
die Ozeane des Lebens.
Es wird Zeit, die eigene Buddhanatur
zu erkennen.
PRAJNAPARAMITA-SUTRA

Inhalt

Vorwort

Es heißt, dass der Lehrer kommt, wenn der Schüler bereit ist. Die meisten Menschen auf dem spirituellen Weg können diese Aussage bestätigen. Manche Suchenden werden berührt von den tief gehenden Worten eines spirituellen Lehrers und wachsen daran. Andere erfahren von einem guten Freund von einem Lehrer, fangen ebenfalls Feuer und erleben möglicherweise selbst eine tiefe Transformation unter seiner Obhut. Oder Lehrer und Schüler finden auf anderen Wegen zueinander.

Wer auch immer uns zu einem bestimmten Zeitpunkt unseres Lebens als Lehrer begegnet, ist in dem Moment genau der Richtige für unsere persönliche Entwicklung. Ob uns ein Lehrer für eine kürzere oder längere Zeit begleitet, ist nicht wirklich wichtig. Alles entscheidend ist, dass er nur ein Ziel vor Augen hat: uns zu unserer eigenen inneren Freiheit zu führen.

Diese Freiheit in uns selbst zu finden und nicht an einem Lehrer im Außen festzuhalten ist auch ganz im Sinne des Buddha. Denn dieser wurde nicht müde, seine Zuhörerschaft immer wieder daran zu erinnern, dass jeder Mensch – so wie er auch – zu einem Buddha werden kann. Das heißt, dass jeder Mensch bereits die sogenannte Buddhanatur in sich trägt. Mehr noch: Er sagt, dass es das Geburtsrecht eines jeden Menschen ist, diese Wesensnatur zu erfahren, weil sie unsere eigentliche Heimat ist.

So einzigartig der Weg zur eigenen inneren Freiheit ist, so ist auch jeder spirituelle Lehrer, der uns begegnet, für uns auf seine ganz eigene Art und Weise einzigartig – und die Begegnung mit ihm oder ihr ist etwas ganz Besonderes. Doch sosehr wir diesen Lehrer vielleicht auch bewundern und ihm in Mitgefühl, Liebe und Weisheit nacheifern, wir müssen Zugang zu unserem eigenen Wesenskern finden. Denn, dies pflegt Jack Kornfield, ein buddhistischer Lehrer, immer wieder zu sagen: »Wir können spirituelle Reife nicht durch Nachahmung erzielen. Wir müssen den Weg selbst gehen.«

Manche Lehrer schubsen uns auf sanfte Weise auf unseren eigenen Weg, damit wir erwachsen werden. Andere Lehrer sind radikaler und konfrontieren uns unbarmherzig mit den wichtigen Prinzipien der buddhistischen Lehre wie zum Beispiel mit Verlust und Gewinn, Vergänglichkeit, dem Festhalten an Dingen, Erfahrungen oder Menschen, die uns wichtig sind, oder der Ablehnung von dem, was wir nicht mögen. Manchmal wird auch das Leben selbst zu unserem Lehrer und schleift uns, damit wir achtsamer, demütiger und weiser werden. Vor allem dann, wenn wir vom Weg abgekommen sind, träumen oder sogar im Begriff sind, die Kostbarkeit des gegenwärtigen Moments zu verschlafen. Natürlich sind manche dieser Lektionen schmerzvoll, insbesondere, wenn sie uns aufzeigen, dass wir den Blick nach innen richten sollen, weil wir langfristig nur dort wahren Frieden finden.

Beginnen wir aber, dem Licht in uns selbst zu folgen, wird der Weg leichter und die eigene Reife nimmt zu. »Wo innere Kraft und Selbstvertrauen herrschen«, sagt der Dalai Lama, »da verschwinden Misstrauen, Furcht und Zweifel.« Dann sind es keine Berge mehr, die wir abtragen müssen, sondern es tut sich eine innere Weite auf, die unser eigenes Licht erstrahlen lässt.

Dieses Buch erzählt Geschichten von ebendiesem Weg in die Kraft, das Selbstvertrauen und die Weite des Gewahrseins. Es enthält viele kurze und einige längere Geschichten über persönliche Begegnungen mit großen Meistern und unbekannten Lehrern. Weiter enthält es Geschichten, die sich im Laufe meines Lebens zugetragen haben. Es sind reale Erlebnisse mit Menschen, die mir zu spirituellen Lehrern wurden, ohne dass sie in dieser Rolle in mein Leben traten. Sie waren Lebensgefährten oder Freunde, von denen ich viel über Vergänglichkeit, Mitgefühl, Geduld und Liebe gelernt habe. Dieses Buch erzählt auch von Begegnungen mit ungeduldigen Menschen, die mir als Spiegel gedient und mir vor Augen geführt haben, wie unachtsam und naiv ich oftmals war – und auch heute noch bin. Andere Geschichten sind traditionelle buddhistische Geschichten, die ich immer wieder gerne gelesen habe und von denen ich ebenfalls sehr viel gelernt habe. Auch heute erfreue ich mich noch an ihnen, weil sie mir alle weiterhin auf eine meist humorvolle und spielerische, immer aber auf eindrückliche Weise den Weg zu meinem eigenen Wesenskern und im buddhistischen Sinne zu meiner eigenen Buddhanatur oder, anders gesprochen, dem Buddha in mir selbst weisen. Damit gemeint ist zunächst jene Stimme, die weiß, was für uns gut ist, was uns schadet und wie unser Weg in die innere Freiheit aussieht. Weiter gefasst bezeichnet die Buddhanatur jenes reine Gewahrsein, das unberührt bleibt von individuellen Erfahrungen, vom »Ich« bzw. von dem, was uns als Person ausmacht.

Die Geschichten dieses Buches, ob selbst erlebt, in einem Vortrag gehört oder in einem Buch gelesen, spiegeln unsere inneren Kämpfe wider und zeigen uns unsere Schattenseiten auf. Sie lassen erkennen, wie verklärt unsere Vorstellungen in Bezug auf spirituelle Lehrer sein können, veranschaulichen, wie viel und wie gerne wir etwas auf andere projizieren, wie es um unsere Achtsamkeit steht, wie weit wir vom JETZT entfernt sind und wie unrealistisch unsere Vorstellungen von unserer spirituellen Praxis sein können. Alle in diesem Buch zusammengefassten Geschichten haben eine Botschaft, allerdings ohne den erhobenen Zeigefinger, sondern mit einem Lächeln.

In meinen Seminaren und Fortbildungen und durch Rückmeldungen auf meine Artikel in verschiedenen Zeitschriften habe ich immer wieder erfahren, dass die richtige Geschichte im passenden Moment einem Menschen quasi spielerisch eine Einsicht über sich selbst, seine Beziehung zu seinem spirituellen Lehrer, zu seiner spirituellen Praxis oder dem Leben an sich eröffnen kann, ohne dass er dabei bloßgestellt oder verletzt wird. Meistens haben wir in meinen Kursen alle zusammen herzhaft gelacht, wenn ich eine solche Geschichte vorgelesen oder erzählt habe. Geschichten veranlassen uns dazu, einen kleinen Moment Abstand zu uns selbst, unserem Ego und den eigenen Verhaltensweisen zu bekommen. Sie ermöglichen uns auch, nicht alles so ernst zu nehmen und über uns selbst zu lachen. »Wenn Menschen lachen, sind sie fähig zu denken!«, sagt der Dalai Lama und ist ein lebendes Beispiel dafür, denn er lacht gerne und viel – auch über sich selbst. Sein klarer Geist zeigt, dass man lachen *und* denken kann.

In vielen persönlich erlebten Geschichten habe ich Namen, Identitäten, Länder und Orte bewusst verändert, weil es mir um die Botschaft der Geschichte geht, nicht um die Person, mit der ich diese Erfahrung gemacht habe – und sie nicht als persönliche Anklage gedacht sind, sondern eher zum Schmunzeln anregen sollen. Außerdem möchte ich keinen Menschen in seinem Verhalten bloßstellen. Sollte jemand meinen, sich wiederzuerkennen, so ist dies reiner Zufall. Es zeigt lediglich, dass wir in unseren Reifungsprozessen und unseren Begegnungen gar nicht so unterschiedlich sind, auch wenn wir alle noch so großen Wert auf unser individuelles Wachstum, unsere besonderen Erfolge und unsere Einzigartigkeit legen. Diese Geschichten machen auch deutlich, dass wir seit Menschengedenken ähnlich auf bestimmte Situationen und im Umgang mit bestimmten Gefühlen und Gedanken reagieren und letztendlich alle eins sind, sowohl in unseren Reaktionen als auch in unserem Wesenskern.

Ich hoffe, Sie mit diesem Buch zum Schmunzeln zu bringen, Ihnen ein Lächeln zu entlocken, ein Gefühl von Freude in Ihnen hervorzurufen. Vielleicht führt es Sie zu der Einsicht – oder vertieft Ihr Bewusstsein darüber –, dass wir von spirituellen Lehrern viel lernen können, aber dass wir alle früher oder später den Buddha in uns selbst finden und, wenn uns dies gelungen ist, versuchen sollten, seine Präsenz zu halten und auf ihn zu vertrauen.

Doris Iding

Einleitung

Die Hindus erzählen,
Kinder würden im Mutterleib singen:
»Lass mich nicht vergessen, wer ich bin.«
Aber nach der Geburt wandelt sich das Lied zu:
»Ach, jetzt habe ich es vergessen.«
JACK KORNFIELD

Ein Mann fiel eines Nachmittags in einen sanften Schlaf. Er begann zu träumen. Er sah sich als Schmetterling, der von Blume zu Blume flog und Blütenstaub sammelte. Er öffnete und schloss seine Flügel und spürte dabei seine Leichtigkeit und seine Zartheit. Als eine sanfte Brise aufkam, ließ er sich vom Wind treiben und segelte dahin. Plötzlich wachte der Mann auf. Er war verwundert, denn ihm wurde bewusst, dass er kein Schmetterling, sondern ein Mensch war. Aber wer war er nun wirklich? Ein Mensch, der träumte, ein Schmetterling zu sein, oder ein Schmetterling, der träumte, ein Mensch zu sein?

Als ich diese Geschichte von Tschuang Tse mit 14 Jahren zum ersten Mal las, hatte ich eine durchschlagende Einsicht. All die gedanklichen Grenzen, die ich durch meine Eltern, Lehrer und durch die katholische Kirche erfahren hatte, wurden dadurch bewusst gesprengt. Immer und immer wieder las ich diese Geschichte. Jedes Mal, wenn ich sie zu Ende gelesen hatte, sah ich in den Himmel und fragte mich: »Was ist die Wirklichkeit?« Ich schaute – und erhielt keine Antwort. Ich las die Geschichte, richtete den Blick nach innen und fragte mich: »Wer bin ich?« Wieder erhielt ich keine Antwort, aber leise stieg in mir eine Ahnung auf. Eine Ahnung, dass das, was ich mit dem Auge sah und mit dem Verstand erfasste, nicht alles war, was mein Leben ausmacht.

Tschuang Tse hatte in mir etwas ins Schwingen gebracht. Er hatte etwas in mir wieder zum Leben erweckt, das als kleineres Kind für mich selbstverständlich gewesen war: das Wissen um eine tiefe Verbundenheit mit allem. Eine Verbindung mit anderen Wesen. Dem Leben. Der Natur. Dem Schmetterling. Und Gott. Aber irgendwann hatte ich die Tür zu dem, was mich mit allem verband, mit all den Wesen und Welten, den sichtbaren und unsichtbaren, verschlossen, weil meine Eltern und mein Umfeld mir und meiner Wahrnehmung nicht glaubten, wenn ich davon unbefangen erzählte. Sie lachten und meinten nur, dass ich über eine ausgeprägte Fantasie verfügen würde. Das verletzte mich und führte dazu, dass ich so sein und erscheinen wollte wie die anderen – ich wollte zu ihnen dazugehören. Darum verschloss ich diese Tür und vergaß alle Wege dorthin. Tschuang Tses Schmetterling hatte die Erinnerung an diese Tür wieder geweckt. Etwas, was ich lange verloren geglaubt hatte, durfte plötzlich wieder Raum in meinem Kopf einnehmen. In meinen Träumen und in meiner Realität.

Kurze Zeit später las ich Hesses »Siddharta«, der von einem Fluss lernte. Diese Geschichte durchfuhr mich – bildlich gesprochen – wie ein Blitz. Endlich war ich nicht mehr allein mit dem Schmetterling und der inneren Verbundenheit mit allen Wesen. Scheinbar gab es auch noch andere Menschen, die so fühlten und dachten wie ich. Diese Erzählung inspirierte mich, nach der Tür in mir zu suchen, um sie nun wieder zu öffnen und so meine innerste Einsamkeit, nämlich das Gefühl, getrennt zu sein von dem, was mich mit allem verband, zu überwinden. Ich begann zu suchen. Zuerst unbewusst. Später forschte ich in den verschiedenen Kultu-

ren, unterschiedlichen Religionen und spirituellen Traditionen nach Antworten auf die Frage: »Wer bin ich?«
Ich traf nordamerikanische Häuptlinge, südamerikanische Schamanen, indische Yogis und buddhistische Mönche und Nonnen sowie spirituell arbeitende Therapeuten und Therapeutinnen. Von ihnen erhoffte ich mir Antworten auf all die Fragen, die in meinem Herzen brannten.

Viele der Menschen, denen ich begegnete, waren interessante Persönlichkeiten. Jeder gab mir auf seine eigene Art etwas mit auf den Weg. Manche von ihnen schenkten mir Antworten, die mich oberflächlich beruhigten. Andere vermittelten mir tiefe Erfahrungen, die mein Verstand nicht zu fassen vermochte. Ich traf auch auf große Gurus, Meister und Menschenfänger. Sie waren charismatisch, interessant und suchten eine große Gefolgschaft. Sie liebten besonders solche Menschen, die an ihren Lippen hingen und ihnen auf Schritt und Tritt folgten. Ich gehörte nicht dazu. Ich wollte niemanden vergöttern oder bewundern, nur weil er bereits gefunden hatte, was wir alle in uns tragen. Ich wollte jemanden, der mir zeigen konnte, wie auch ich wieder Zugang zu dem finden würde, was unser aller innerster Wesenskern ist.

Ich war nicht nur danach bestrebt, mich wieder mit anderen Wesen und Welten verbinden zu können, um so die Dualität zu überwinden, sondern ich war auch, je älter ich wurde, auf der Suche nach einem Weg, der Spiritualität und Alltag miteinander vereinte. Ich wollte mich weder in Esoterik noch in eine Religion flüchten.

Ich wollte Himmel und Erde miteinander verbinden, mit beiden Beinen auf dem Boden stehen, und das mit einem offenen Herzen und einem weiten Geist. Dabei orientierte ich mich an einer Aussage von Thich Nhat Hanh: »Die Kunst besteht nicht darin, über das Wasser zu wandeln, sondern auf der Erde zu gehen.« Ich wollte auch nicht dem Leben entsagen in einem Aschram oder in einem Kloster. Ich suchte nach einer Möglichkeit, ganz bewusst im Hier und Jetzt leben zu können. Mit einer Beziehung. Mit einer Arbeit, die mich erfüllte. Mit Konzerten, einem köstlichen Abendessen, mit Freunden und der Möglichkeit, in die Berge zu gehen, so oft ich wollte.

Deshalb suchte ich nach einem Weg, der neben einer spirituellen Praxis umfassende Lösungen für meine persönlichen Probleme bot und gleichzeitig auch praktische Maßnahmen, die mich darin unterstützen würden, mit den Herausforderungen des Alltags – nämlich Stress, Existenzängsten, Zerstreuung, zunehmenden Anforderungen im Beruf und Privatleben – fertig zu werden. Eben all den Herausforderungen, die heute so viele in einen Burn-out treiben.

Gleichzeitig wollte ich auch meinen eigenen Wesenskern entdecken, ohne dass ich einem Gott im Außen dafür danken musste. Hier sprach mich besonders der Buddhismus an, den ich während meines Studiums der Religionswissenschaften kennen- und lieben gelernt hatte. Denn hier hatte ich erfahren, dass die Lehre Buddhas darauf angelegt ist, sich selbst »ein Licht auf dem Weg zur Freiheit« zu sein. Es war gerade die Aussicht darauf, dass ich selbst etwas tun kann, um meine persönliche Entwicklung zu vollziehen, ohne auf einen anderen Menschen angewiesen zu sein, die mir zusagte. Ich hatte aber große Angst davor, mich in einer kopflosen Gefolgschaft wiederzufinden.

Mir gefiel das hohe Maß an Selbstverantwortung, das Buddha seiner Zuhörerschaft auferlegte. Auch heute noch habe ich eine große Aversion gegen blinde Massen, die einem Führer folgen und tun, was er sagt. Wie so etwas enden kann, haben wir in der Vergangenheit schon zu oft gesehen. Lieber folge ich den Anweisungen Buddhas: »So wie ein Goldschmied sein Gold zuerst prüft, indem er es schmilzt, schneidet und reibt, akzeptieren Weise meine Lehren erst nach vollständiger Prüfung, nicht nur aus Ehrerbietung mir gegenüber.« Das führte dazu, dass manche Lehrer für mich bereits nach einem kurzen Gespräch uninteressant wurden, andere mir wiederum viele Jahre als Vorbild dienten und mir dabei halfen, alte Konzepte von mir und dem Leben hinter mir zu lassen und meinen Geist für das unvoreingenommene Gewahrsein zu öffnen. Ganz abgesehen von meiner spirituellen Sehnsucht, innere Türen zu öffnen, die mir den Weg »nach Hause« weisen würden, und dabei die Dualität zu überwinden und die Verbundenheit mit allem zu spüren, war ich nämlich auf der Suche nach leicht umsetzbaren Techniken, die meinen zerstreubaren Geist beruhigen würden, denn trotz aller Praxis und all meinem Wissen neige ich auch heute noch dazu, mich schnell in meinen Gedanken zu verlieren. Das ist natürlich sehr menschlich.

Ich lernte viele buddhistische Methoden kennen, die mir meine Lehrer vermittelten und die ich in verschiedenen Büchern las und die ich praktiziere – ehrlich gesagt, mal mehr, mal weniger intensiv. Woher ich die Methode auch immer hatte, im Laufe meines Lebens wurde mir immer bewusster, dass der Lehrer im Außen noch so erfahren, noch so erleuchtet, noch so didaktisch ausgezeichnet sein kann: Ich selbst bin es, die mein Inneres verändern muss. Nur ich allein kann das.

Buddhas Leben und Lehre

Um sich in die Fußstapfen Buddhas zu begeben, ist es meines Erachtens hilfreich, seine Geschichte und seine Lehre zu kennen. Deshalb habe ich sie hier kurz skizziert.

Siddhartha Gautama wuchs als Sohn eines Herrschers wohlbehütet im Reich seiner Eltern auf. Obwohl es ihm materiell an nichts fehlte, war er unzufrieden. Als er mit 29 Jahren einen Ausflug außerhalb des väterlichen Königreiches machte, sah er einen Greis, einen Fieberkranken, einen Leichnam und einen Wandermönch. Das machte ihm bewusst, dass niemand von Alter, Krankheit und Tod verschont bleibt. Der Mönch beeindruckte ihn besonders, denn er blieb unberührt von dem Leid. Er strahlte so tiefen inneren Frieden, so außerordentliche Klarheit und Präsenz aus, dass Siddhartha – in der Tiefe seines Herzens berührt – ebenfalls Mönch wurde und alles Weltliche hinter sich ließ. Er ging als Asket auf Wanderschaft, um innere Zufriedenheit zu finden. Mehrere Jahre suchte er die großen Meister seiner Zeit auf und lernte bei ihnen. Gleichzeitig realisierte er, dass man die Wahrheit nur in sich selbst finden kann. Deshalb ließ er sich unter einem Baum nieder und wollte erst wieder aufstehen, wenn er Antworten auf alle Fragen gefunden hätte.

In tiefer Meditation erkannte Siddharta, dass wir unsere Realität mit unserem Geist erschaffen. Er sah, dass Gedanken an und für sich leer sind, sie sich aber, wenn wir ihnen unsere Aufmerksamkeit schenken, mit Gefühlen füllen – zum Beispiel mit Angst, Ekel, Glück, Wut, Begehren, Leidenschaft, Frieden, Liebe, Ungeduld, Zuversicht und Hass. Als Siddhartha sich nicht mehr auf seine Gedanken einließ, sondern sie lediglich als einen dahinfließenden Strom wahrnahm, konnte er aus einer inneren Distanz heraus erkennen, dass Sinneseindrücke, Erinnerungen, Vorstellungen und Körperempfindungen dazu führten, dass er sich von ihnen entweder angezogen oder abgestoßen fühlte oder neutral auf sie reagierte. Schenkte er ihnen keine Aufmerksamkeit, vergingen sie sofort wieder und sein Geist wurde ruhig. »Wenn du das trübe Wasser zur Ruhe kommen lässt, wird es klar. Wenn du deinen aufgeregten Geist zur Ruhe kommen lässt, wird deine Verhaltensweise gleichfalls klar«, stellte er fest und konnte dadurch das Gesetz von Ursache und Wirkung erkennen, dem alles zugrunde liegt. Es besagt, dass nichts in diesem ganzen Universum aus sich selbst heraus existiert. Ihm wurde auch bewusst, dass alles vergänglich ist. Diese Erkenntnisse ließen seinen eigenen Geist klarer, stiller und stabiler werden. Frei von Anhaftung, Ablehnung und somit frei von Leid. Er erwachte und wurde zum Buddha, was so viel heißt wie »der Erwachte«.

Bis zu seinem Tod vermittelte der Buddha von da an seine Lehre, die unter anderem die Überzeugung vertritt, dass jeder Mensch den Buddha in sich selbst finden kann. Er betonte, dass die eigene Erfahrung die zentrale Rolle spielt und jeder Mensch seinem Temperament entsprechend einen gangbaren Weg aus dem Leid finden müsse. Dafür entwickelte er zahlreiche Techniken, die uns mit Qualitäten wie Klarheit, Mitgefühl, Präsenz, Achtsamkeit, Offenheit und Weisheit in Kontakt bringen. Um die für uns richtige Praxis zu finden, brauchen wir spirituelle Lehrer. Und wir brauchen Zeiten des Rückzugs, in denen wir die Funktionsweise unseres Geistes kennenlernen. Aber tiefe spirituelle Erfahrungen auf dem Meditationskissen machen aus uns noch keinen Buddha, sondern wir benötigen eine Praxis für den Alltag, die uns darin unterstützt, u. a. Tugenden wie Geduld, Achtsamkeit, Mitgefühl, Liebe und ein offenes Herz zu erlangen.

Die Lehre Buddhas ist sehr komplex und kann dem Menschen – je nach eigenen Wünschen, Ansprüchen und Zielen – einen Kompass für den Weg zu ihm selbst bieten. Jeder Mensch fühlt sich vielleicht von anderen Aspekten der Lehre angesprochen. Für mich persönlich sind die Konfrontation mit der Vergänglichkeit, unsere Tendenz, alles Mögliche auf einen Lehrer zu projizieren, das permanente Hin- und Herpendeln zwischen Ablehnung und Anhaftung eines Menschen, den wir als Lehrer auserwählen oder nicht anerkennen, wesentliche Aspekte, mit denen wir immer wieder konfrontiert werden. Deshalb beschäftigen sich viele Geschichten mit diesen Aspekten. Natürlich liegt der Fokus auch auf anderen Gesichtspunkten, z. B.

dass jeder Augenblick unseres Lebens, jeder Baum oder Stein unser Lehrer sein und uns mitten im Alltag viel Erkenntnis über uns selbst offenbaren kann. Wir müssen nur die Augen, Ohren und das Herz öffnen und unseren gesunden Menschenverstand einschalten, um zu sehen, was das Leben für uns an Lernmöglichkeiten bereithält.

Von großen Meistern
und guten Lehrern

*Wenn du dich mit größerer Klarheit
und Tiefe als gewöhnlich verstehst,
bedeutet das, dass du
dem richtigen Mann begegnet bist.*
NISARGADATTA MAHARAJ

Im Herzen berührt

Vor vielen Jahren fuhr ich zu einem Tag der Achtsamkeit nach Waldbröl. Dort verbrachten wir – 500 Menschen – einen ganzen Tag zusammen mit dem großen vietnamesischen Mönch Thich Nhat Hanh. Es war ein wunderschöner Sommertag und es herrschte eine Atmosphäre des gegenseitigen Wohlwollens.

Am Vormittag hielt Thich Nhat Hanh in einem großen Zelt einen Vortrag. Ich saß ungefähr 20 Meter von der Bühne entfernt. Als der Mönch sich setzte und seine Rede begann, berührte er mein Herz zutiefst. Sein Vortrag dauerte eine halbe Stunde und währenddessen weinte ich in einem fort. Ich kann mich nicht mehr daran erinnern, worüber er in dieser Zeit gesprochen hat. Es war in dem Moment seiner Rede für mich auch vollkommen unerheblich, denn – so scheint es mir im Rückblick – es war sein Herz, das unmittelbar mit meinem in Kontakt war. Plötzlich wusste ich, was Meister Dogen gemeint hatte, als er gesagt hat: »Ihr müsst wissen, dass sich das Herz insgeheim mit dem Herzen verständigt.«

Nach diesem Vortrag fühlte ich mich so unendlich genährt, zufrieden und verbunden mit allem. Nie zuvor hatte ein buddhistischer Lehrer mich so tief berührt und mein Herz mit bedingungsloser Liebe erfüllt. Und auch danach ist mir Derartiges nicht noch einmal passiert. Gleichzeitig kam es für mich nicht infrage, mich der Gemeinschaft von Thich Nhat Hanh näher anzuschließen. Er hatte mir in dieser einen Begegnung das Wichtigste gegeben, was ein buddhistischer Mönch mir hätte geben können: Er hatte mich mit meinem Herzen in Kontakt gebracht und mir dadurch den Weg zu meinem eigenen Buddha gezeigt.

Immer wieder erinnere ich mich gerne an diese Begegnung. Dann wird mein Geist ganz still und mein Herz ist wieder voller Frieden. Mir wird bewusst, dass ich nirgendwo hingehen muss, außer nach innen. Dorthin, wo die bedingungslose Liebe wohnt.

Die Erfahrung mit Thich Nhat Hanh hatte eine Tür in mir geöffnet, die zu mir selbst führte. Ohne dass dieser große Lehrer an diesem Tag persönlich mit mir gesprochen hatte, hatte er zu meinem Herzen gesprochen, wie kein anderer Menschen zuvor in meinem Leben. Durch diese Begegnung wurde mir bewusst, dass man nicht unbedingt viele Jahre bei einem Lehrer verbringen muss, um eine wegweisende Lektion zu erhalten. Manchmal reichen bereits eine kurze Begegnung und ein offenes Herz, um sich selbst ein großes Stück näherzukommen.

Der alte Weise und das Mädchen

Vor einigen Jahren habe ich Kinderyoga unterrichtet. Die Stunden habe ich immer mit einer Fantasiereise beendet. Einmal habe ich dabei die Zehn- bis Zwölfjährigen zu einer Wiese geführt, auf der sie einem weisen Menschen begegnet sind, den sie alles fragen konnten und der ihnen Antwort auf alles gab. Eines der Mädchen musste gleich nach Abschluss der Fantasiereise aufbrechen, sodass es seine Erfahrungen nicht mit uns teilen konnte.

In der darauffolgenden Woche kam dieses Mädchen etwas früher als die anderen Kinder. »Wie ging es dir in der letzten Woche bei der Fantasiereise«, fragte ich Claudia, »bist du auf der Wiese jemandem begegnet?« »Ja«, antwortete sie wie selbstverständlich. »Ich habe einen weisen alten Mann getroffen. Er hat mir gesagt, dass ich später mit Tieren sprechen und damit viel Geld verdienen werde.« »Aha«, antwortete ich erstaunt und neugierig gleichermaßen. »Kennst du diesen alten Weisen schon?« »Ja«, antwortete sie etwas unsicher. Aber als sie mein ehrliches Interesse erkannte, fuhr sie fort: »Ja, ich habe ihn vor ein paar Jahren auf einer Fantasiereise getroffen, die eine Lehrerin in der Schule mit uns gemacht hat. Damals hat er mir erzählt, dass er bereits seit meiner Geburt bei mir ist und immer bei mir bleiben wird. Und dann hat er mir etwas verraten, was kurze Zeit später eingetroffen ist.« »Das finde ich toll«, sagte ich voller Begeisterung. »Ja, ich auch!«, entgegnete mir Claudia. »Aber erzähle das bitte nicht meiner Mutter! Sonst hält sie mich für verrückt.« »Nein«, versicherte ich ihr, »das werde ich bestimmt nicht tun.« Ich freute mich für sie, dass sie einen so natürlichen Zugang zu einer Welt hatte, die weit über unser Alltagsbewusstsein hinausgeht.

Wie auch mir als Kind, geht den meisten Menschen dieser natürliche Zugang im Laufe des Heranwachsens verloren und wir müssen ihn uns als Erwachsene im Zuge unseres spirituellen Erwachens wieder erschließen. Es kann sein, dass uns die ganze Zeit eine tiefe Sehnsucht nach unserer wahren spirituellen Heimat vorantreibt – und wir dann eines Tages wie durch einen Zufall wieder damit in Kontakt kommen und endlich wissen, wonach wir die ganze Zeit gesucht haben. In einem solchen Moment kann sich das ganze Leben ändern.

Auch als Erwachsene können wir die Erfahrung machen, dass es in uns einen weisen Lehrer gibt, der die Richtung kennt, die wir einschlagen sollten, um auf unserem spirituellen Weg ein Stück weiterzukommen. Doch leider wirft uns unser Verstand an dieser Stelle Knüppel zwischen die Beine und hält uns davon ab, diesem Weisen zu folgen. Viel zu irrational sind seine Vorschläge manchmal für uns, viel zu unlogisch seine Ansätze für die Lösung eines Problems. Aber das alles erscheint uns nur so, weil wir das Leben aus einer linear-kausalen Sichtweise betrachten. Unsere inneren Führer hingegen haben einen ganz anderen Zugang zum Leben mit all seinen Dimensionen und Gesetzen, die wir so nicht zu fassen imstande sind. Jeder von uns hat einen solch weisen Lehrer in sich. Wir müssen nur den Mut entwickeln, ihm zu glauben. Egal, ob wir zwölf Jahre jung oder 59 Jahre alt sind.

Die Tochter kehrt heim

Es war einmal eine Königstochter, die von ihrer Mutter losgeschickt wurde, um das Geheimnis des Lebens zu entdecken, bevor sie die Thronfolge antreten sollte. Die Jahre vergingen, aber die Tochter kehrte nicht nach Hause zurück. Sie hatte auf ihrer Reise so viele Abenteuer erlebt, dass sie nicht nur den Zweck ihrer Reise vergessen hatte, sondern auch ihre Herkunft. Was geblieben war, war eine tiefe Sehnsucht. Sie konnte sie zwar nicht benennen, aber sie war da. So wurde die Sehnsucht zu ihrem ständigen Reisebegleiter.

Nach vielen Jahren führte sie ihre Reise, mittlerweile als arme Bettlerin, durch ihre Heimatstadt. Ihre Mutter erkannte sie sofort wieder, die Tochter hingegen ahnte nichts, denn sie war blind für ihre Herkunft. Die Königin wusste, dass es sinnlos gewesen wäre, ihrer Tochter von ihrer wahren Herkunft zu erzählen. Deshalb sorgte sie dafür, dass einer ihrer Bediensteten sich mit ihrer Tochter anfreundete. Eines Tages erzählte der Bedienstete der Tochter davon, dass sie beide eine Anstellung in der Küche der Königin haben könnten. So kam es, dass die Königstochter wieder an den Hof ihrer Mutter zurückkehrte und sich mit den Jahren langsam hocharbeitete.

Immer wieder erlebte die Königstochter Momente, in denen sie das Gefühl hatte, nach Hause gekommen zu sein, doch sie ließ dieses Gefühl nicht zu, weil sie glaubte, dass sie, eine ehemalige Bettlerin, nicht würdig sei, sich in einem Königspalast zu Hause zu fühlen. Die Königin, die in der Zwischenzeit alt geworden war, rief ihre Tochter eines Tages zu sich und übergab ihr die Führung des Reiches. Erst danach erzählte sie ihr von ihrer wahren Herkunft.

Diese Geschichte habe ich immer wieder auf Retreats gehört. Meistens erzählten die Lehrer sie nach ein paar Tagen, wenn die Teilnehmer den Alltag hinter sich gelassen hatten und sich dafür öffneten, dass in ihnen eine Tür aufgehen könnte, die ihnen Zugang zu ihrem eigenen Königreich gewähren würde. Eine solche Erfahrung können wir nicht erzwingen, sondern nur in Demut erwarten.

Stoßen wir auf einen guten spirituellen Lehrer, holt dieser uns genau dort ab, wo wir gerade stehen, und zeigt uns den Weg Richtung Heimat. Und wenn wir Glück haben, bringt er uns sogar nach Hause, d. h. in Kontakt mit unserer eigenen Buddhanatur, zurück zu unserem wahren Wesen. Es gibt wohl nur wenige Menschen, denen dies eigenständig, ohne einen spirituellen Lehrer gelingt. Mit einem guten Lehrer erkennen wir, dass wir das ganze Königreich in uns haben und dorthin heimkehren dürfen wie die Königstochter.

Traumhafte Belehrung

Vor vielen Jahren war ich auf der Suche nach einem Guru, zu dessen Füßen ich sitzen wollte und der mir – wie ich es mir in meiner Fantasie ausmalte – dabei helfen würde, die Tür zu meiner eigenen Weisheit wiederzufinden und mit diesem Schatz in Kontakt zu bleiben. Immer wieder bat ich in meinen Meditationen um einen solchen Guru. Ich besuchte Retreats von großen Meistern und bekannten Lehrern, aber keiner schien der Richtige zu sein. Eines Nachts träumte ich von H. W. L. Poonja, der auch als Papaji bekannt ist und ein bekannter spiritueller indischer Lehrer war. Viele Menschen erwachten in seiner Gegenwart, bevor er 1997 starb. Ich hatte immer wieder von ihm gehört, aber keinen persönlichen Bezug zu ihm gehabt. In meinem Traum saß er vor mir, lachte mich mit strahlenden Augen an und sagte: »Just be!« Danach verschwand er.

Als ich wach wurde, kam es mir fast vor, als hätte sich Papaji einen Scherz mit mir erlaubt. Wie sollte ich, die immer nur »machte« und »unter Strom stand«, einfach nur sein? Seine Aufforderung war für mich die größte und schwierigste Aufgabe, die er mir hätte geben können. Ich bat um einen Folgetraum, in dem Papaji mir noch weitere Anweisungen geben sollte, wie genau es geht, einfach nur im Hier und Jetzt zu sein. Aber mein Bitten blieb unerhört.

Seit dieser Nacht übe ich mich darin, einfach nur zu sein. Manchmal gelingt es mir gut. Manchmal klappt es überhaupt nicht. Aber an manchen Tagen, an denen ich mich in Plänen und Sorgen verliere und nicht mehr weiß, wo mir der Kopf steht, kann es passieren, dass Papaji mir schlagartig in den Sinn kommt. Dann strahlt er mich an, lächelt und sagt: »Just be!«

Wenn wir nur einsehen könnten, dass wir nirgendwo hinreisen müssen, nichts leisten müssen, keine besonderen spirituellen Praktiken beherrschen müssen, sondern einfach nur in den gegenwärtigen Moment einzutauchen brauchen, um den Buddha in uns zu erkennen, zu erfahren und zu verwirklichen, würden wir aufhören, immer noch mehr zu wollen, zu müssen oder zu machen. Aber ich glaube, genau darin liegt das Problem: dass wir es nicht wahrhaben wollen, dass der Buddha in uns – so wie eine Weisheit aus dem Zen besagt – uns näher ist als die eigene Halsschlagader. Das können wir nur erfahren, wenn wir der Aufforderung eines so großen Lehrers wie Papaji folgen: Just be! Manchmal erleben wir es dann momentweise, gelegentlich auch länger. Wie lange dieser Moment dauert, spielt vielleicht auch gar keine Rolle. Entscheidend ist, dass wir spüren: Ja, das ist es! Dann haben wir »Just be!« erlebt und erkennen, dass wir nur die Aufmerksamkeit nach innen richten müssen.

Die eigene Wahrheit finden

Es gab einen Ort in Nepal, an dem kamen viele große spirituelle Lehrer vorbei. Jeder von ihnen behauptete, DIE Wahrheit zu kennen. Das irritierte die Menschen dort sehr. Und als eines Tages der Buddha kam und meinte, er habe erkannt, warum die Menschen leiden, waren sie noch verwirrter.

»Wem sollen wir jetzt glauben?«, fragte einer. Daraufhin antwortete der Buddha: »Es ist richtig, dass du Zweifel hast. Mach dich niemals davon abhängig, was du hörst. Folge auch nicht irgendwelchen Konventionen. Und nimm auch nicht einfach an, dass das, was ein Lehrer dir sagt, die Wahrheit ist!«

Einem anderen sagte der Buddha: »Verlasse dich nicht einfach nur auf Texte, auf Überlegungen oder Schlussfolgerungen. Auch nicht darauf, dass etwas wahrscheinlich ist!« »Aber«, wandte sein Gegenüber ein, »der Lama eines großen Klosters hat uns gesagt, dass ...« »Überprüfe alles, was du gehört hast. Wenn du für dich selbst herausgefunden und überprüft hast, was dir schadet oder was zu mehr Ruhe in deinem Geist beiträgt, dann orientiere dich daran! Glaube niemandem blind, der dir das Gefühl vermittelt, eine Autorität zu besitzen. Suche die Wahrheit in dir selbst und finde sie für dich selbst heraus. Jeder Mensch trägt das endlose Wissen in sich!«

Buddha versuchte, den Zuhörern an jenem Ort Zuversicht zu vermitteln. »Wie aber kann ich mir selbst trauen?«, fragte ein Anwesender. »Ich habe 1000 verschiedene Stimmen in mir! Jede erzählt mir etwas anderes. Die eine sagt: ›Das ist es, was du tun sollst!‹ Eine andere behauptet: ›Jenes wird dir guttun!‹ Eine dritte mischt sich ein: ›Ich weiß die Wahrheit!‹ Eine vierte Stimme vertraut den anderen nicht und ruft: ›Ich glaube nur dem Meister!‹ Welcher Stimme kann ich denn glauben?« Buddha antwortete: »Indem du sie alle überprüfst, indem du deine Stimmen und die der Meister immer und immer wieder überprüfst und hinterfragst, wirst du die richtige Stimme identifizieren. Das Gleiche gilt auch für alle Methoden. Es gibt insgesamt 84 000 Tore, die zur Wahrheit führen. Für jeden Menschen gibt es das passende Tor. Auch für dich! Aber: Jeder muss für sich selbst herausfinden, welches SEIN Tor ist. Und das kannst du nur durch die Meditation.«

Der Buddha hatte selbst erkannt, dass wir unseren spirituellen Weg nicht durch Nachahmung gehen können. Wir können das Glück haben, einem großartigen Lehrer zu begegnen, der uns den Weg weist, aber gehen müssen wir diesen Weg selbst. Und den richtigen Weg, den für uns einzigartigen Weg, finden wir nur durch persönliches Hinterfragen, Ausprobieren und Suchen. Indem wir unseren eigenen Weg gehen, werden wir genau das Tor finden, das uns zur

inneren Freiheit führt. Nur indem wir unserem per-
sönlichen und einzigartigen Ruf Gehör schenken
und uns nicht verunsichern lassen, erlauben wir uns
selbst, zu einem einzigartigen Ausdruck des Buddha
in uns zu werden.

Der perfekte Meister

Im Laufe der Jahre habe ich aufgrund meiner journalistischen Tätigkeit viele Seminare besucht, um dort die Arbeit verschiedener Meister kennenzulernen und im Anschluss Interviews mit ihnen zu führen. Entsprechend viele Suchende sind mir dort auch begegnet, mit denen ich mich über ihr Ideal eines spirituellen Lehrers und Lebens austauschen konnte. Einige waren bereits in der glücklichen Lage, einen Lehrer zu haben, unter dessen Anleitung sie regelmäßig meditieren konnten. Oftmals blieben sie über viele Jahre bei diesem Lehrer oder dieser Lehrerin. Andere Suchende wiederum hatten die Sehnsucht nach einem Lehrer, der nicht nur eine einfache Meditation anleiten konnte, sondern der auch bewandert war in der buddhistischen Psychologie und der sich mit den Höhen und Tiefen auf dem spirituellen Weg auskannte.

Je höher die Erwartungen an einen Lehrer sind, desto mehr laufen Suchende Gefahr, ihre eigenen Vorstellungen auf einen Lehrer zu projizieren. Sie gehen dann zum Beispiel davon aus, dass ein Mensch, der sich mit den Schriften auskennt und über eine langjährige Praxis verfügt, weise oder selbst heilig ist. Manche Menschen verbringen viel Zeit damit, einen Meister, der ihr Ideal erfüllt, zu finden. Zu ihnen gehörte Johannes, dem ich in Thailand begegnete. Dort trafen wir uns in einem Kloster, das von einem außergewöhnlich weisen Abt geleitet wurde. Dieser ruhte sehr in sich und war in der Lage, die Lehre Buddhas auf eine leichte und fröhliche Weise zu vermitteln. Johannes und ich waren – wie sich in einem Gespräch herausstellte – beide gleichermaßen angetan von diesem Abt.

Nach einem für uns Zuhörer besonders inspirierenden Vortrag gingen einige der Anwesenden zu dem Abt, um ihm noch die ein oder andere persönliche Frage zu stellen. Zufällig wurde ich Zeuge eines Gesprächs zwischen Johannes und dem Abt: »Ich habe viele Bücher über das Herzsutra [eines der wichtigsten buddhistischen Sutren] gelesen und bin durch die ganze Welt gereist, um den größten Weisen der Erde zu finden, aber nirgendwo bin ich ihm begegnet. Ich habe zwar viele große Lamas getroffen, aber ich wollte nur der Schüler eines absolut vollkommenen Meisters werden.« Johannes schaute den Abt erwartungsvoll an und fuhr fort: »Nach den vielen Jahren, den Begegnungen mit all den Meistern, dem Studium der heiligen Schriften und meiner langjährigen Meditationspraxis stehe ich nun vor dir und habe nach dem heutigen Vortrag das Gefühl, dass du der perfekte Meister für mich bist.« Mit einem Strahlen in den Augen sagte er: »Ich bin glücklich, nun endlich am Ende meiner Suche angekommen zu sein, und bitte dich, mich als Schüler anzunehmen.«

Der Abt wiederum, der mir persönlich wegen seiner Bescheidenheit so gut gefallen hatte, antwortete, ohne zu zögern: »Es ist unmöglich, dich zu meinem Schüler zu machen. Da du in mir den perfekten Meister siehst, musst du nun wissen, dass ein perfekter Abt nur perfekte Schüler unterrichtet. Und du bist noch weit davon entfernt, einer zu sein.« Er lächelte Johannes an und meinte abschließend:»Merke dir eines für deine weitere Suche nach dem ›perfekten‹ Lehrer. ›Zu wissen, dass selbst der Weise nicht alles wissen kann, bleibt das höchste Wissen‹, hat Tschuang Tse einst gesagt. Diese Wahrheit hat mir selbst als junger Mann die Augen geöffnet.« Dann drehte sich der Abt zu mir, wohl wissend, dass ich das Gespräch mitverfolgt hatte, und fuhr fort:»Viele Fehler zu haben ist keine Schande. Mich würde es eher beunruhigen, an mir nichts mehr zu finden, was ich noch verbessern könnte.«

Die Vorstellung von einem perfekten Lehrer ist einer der größten Stolpersteine auf dem spirituellen Weg. Sie kann dazu führen, dass wir uns nie wirklich auf einen Lehrer einlassen. Einen Lehrer, der uns das Gefühl vermittelt, er habe die ultimative Wahrheit erkannt, sollten wir möglichst schnell hinter uns lassen. Weise Lehrer geben zu, dass auch bei ihnen – selbst nach 30-jähriger Meditationspraxis – auf Phasen der tiefen Erkenntnis und Offenheit Zeiten der Angst, der Unsicherheit und Verschlossenheit folgen bzw. einander abwechseln.

Der Zengarten

Von einem Zenmeister hatte ich mit 30 Jahren ganz konkrete Vorstellungen: groß, mit königlichem Gang, durchdringendem Blick und der Fähigkeit, mich auf Anhieb vollkommen zu durchschauen. Vorstellungen, die sich unmerklich eingeschlichen hatten, als ich Bücher über Eisai, den großen Wegbereiter des Zen in Japan, oder über Dogen, den Begründer des Soto-Zen, verschlungen hatte. Aber, wie diese beiden großen Zenmeister bereits erkannt hatten: Vorstellungen haben wenig mit der Wahrheit zu tun und sind dazu da, aufgegeben zu werden.

Diese Erfahrung musste auch ich an einem heißen Sommertag machen, als ich auf die Klingel der Klostertür am Rande Tokios drückte. Es dauerte eine Zeit lang, bis die Tür von innen geöffnet wurde und mich ein kleiner, schmächtiger Mann Mitte 40 mit unsicherem Blick anschaute. Er lächelte verlegen und hieß mich mit einer tiefen Verbeugung in seinem Haus willkommen. Er war mein sogenannter Gastvater, der mir bei einem Austauschprogramm zwischen der Münchner Universität und einer buddhistischen Universität in Tokio zugeteilt worden war. Hier sollte ich für fünf Wochen wohnen, um einen Einblick in das japanische Leben und in die japanische Religion zu erhalten.

Der Mönch stellte mich seiner Frau und seinen beiden kleinen Kindern vor. Seit der Meiji-Reform im Jahr 1868 dürfen Mönche in Japan heiraten und ihr Amt an ihren Sohn vererben. Dies war ein Versuch, die ökonomische Macht der damals so einflussreichen Klöster zu brechen.

Morihiro, so lautete der Name des Mönchs, zeigte mir mein Zimmer, mit dem angeblich schönsten Ausblick des Hauses. Auch hier wurden meine Vorstellungen abrupt zerstört: Japanische Klöster waren für mich der Inbegriff der Kargheit und zugleich der Ästhetik gewesen, minimalistisch und trotzdem vollkommen, die Schlafplätze einfach, mit einem Futon ausgestattet. Doch dies war ein Einfamilienhaus im hinteren Teil des Tempelareals, das sehr groß und modern eingerichtet war. Ich sollte in einem Raum wohnen, in dem es einen einfachen Futon gab, aber auch gleichzeitig ein Sideboard, auf dem viele kleine ordentlich nebeneinander aufgestellte japanische Porzellantierchen und bunte Plastikpüppchen standen.

Später, bei einem gemeinsamen Abendessen in einer ebenfalls modernen, dem westlichen Lebensstil entsprechenden Küche, fragte ich Morihiro, wann die morgendlichen Zenmeditationen stattfinden würden. Er lächelte wieder und meinte nur, dass er morgens nicht im Tempel meditieren würde. Damit war meine Enttäuschung perfekt! Hatte ich doch fest damit gerechnet, morgens um fünf oder sechs Uhr zusammen mit dem Mönch Zazen zu praktizieren. Über Morihiros spirituelle Ausrichtung sprachen wir auch später nicht. Zu selten sahen wir uns. Er war anscheinend ein viel beschäftigter Mensch.

Erst am nächsten Morgen, nachdem ich mich etwas eingelebt hatte, nahm ich den wundervollen Ausblick, den mein Zimmer bot, wahr: Ich schaute direkt in den Garten der Tempelanlage. Da dies mein erster Tag an der buddhistischen Universität war, konnte ich ihn aber noch nicht genauer betrachten. Ich musste zur Uni, die im Zentrum der Stadt lag. Auf der Fahrt dorthin erlebte ich selbst, was ich sonst nur in Reportagen gesehen hatte: Je näher wir dem Zentrum kamen, desto voller wurde die Bahn. An den letzten drei Stationen kamen dann auch die sogenannten Pusher zum Einsatz. Ihre Aufgabe besteht darin, so viele Menschen wie möglich in die S-Bahn zu drücken, denn Millionen Japaner strömen jeden Morgen in die Innenstadt, um zur Schule, Universität oder Arbeit zu kommen. Da nur rund 25 Prozent des japanischen Landes aufgrund des unwegsamen Geländes und der Berge bebaubar sind, sammeln sich dementsprechend viele Menschen in Siedlungszentren wie Tokio. Hier allein leben weit über 13 Millionen Menschen.

Als ich abends erschlagen von den zahlreichen Eindrücken der Millionenstadt nach Hause kam, suchte ich als Erstes den Garten auf, der mir riesig vorkam. Ich betrat ihn über eine kleine Brücke aus Naturstein, wobei dieser Übergang wie die Passage zwischen zwei Sphären war. Ja, gerade so, als würde ich eine andere

Welt, ein kleines Paradies betreten. Das Wasser, das lautlos unter dieser Brücke dahinfloss, schien meinen Körper von der Müdigkeit und meine Gedanken von allem Überflüssigen zu befreien. Auch schien die Brücke dazu zu dienen, meinen Gang zu verlangsamen, um mich ganz bewusst in diesen mir zeitlos erscheinenden Ort eintauchen zu lassen.

Über einen Pfad aus unregelmäßig angelegten Trittsteinen, der an den Verlauf eines Flusses erinnerte, ging ich vorbei an Kirsch- und Ahornbäumen, die im Buddhismus mit ihrer beeindruckenden Schönheit als Symbol für den immerwährenden Kreislauf der Natur verehrt werden. Ohne es zu bemerken, hatte der Pfad mich auf meiner Entdeckungsreise durch den Garten geleitet und zum Zentrum geführt. Dieser Ort übertraf alle japanischen Gärten, die ich bis dahin gesehen hatte, an Schönheit. Den wichtigsten Bestandteil bildeten imposante Steine, die auf einer geharkten Sandfläche ruhten. Diese war etwa 15 Meter lang und fünf Meter breit und durch einen schmalen Moosrand abgegrenzt. Die Sandfläche symbolisierte das Meer, welches den Quell des Lebens darstellt und als Symbol der Reinheit in allen japanischen Gärten präsent ist. In anderen Gärten findet man manchmal auch statt des Sandes oder Kieses einen großen Teich vor. Durch die Anordnung der größten Steine, die eindrucksvoll wie drei Berge aus dem »Meer« ragten, wurde die Grundstruktur des Gartens geschaffen.

Ich hatte vor meiner Abreise bereits viel über die Schönheit japanischer Gärten gelesen, mir diese aber bei Weitem nicht so ästhetisch vorgestellt. Die Gärten waren für mich immer mehr als nur die Dekoration eines Bauwerkes. Auch wenn sie in den meisten Fällen einem Gebäude zugeordnet sind, stellt jeder Garten ein Kunstwerk an sich dar und dient vielen Besuchern als Ort der Meditation.

Im Laufe der Jahrhunderte haben sich drei Grundtypen von Gärten durchgesetzt, die auch von den vielfältigen Einflüssen fremder Länder wie zum Beispiel China und Korea geprägt wurden: Man unterscheidet sogenannte Teichgärten, Betrachtungsgärten und Teegärten. Beim Teichgarten handelt es sich meistens um größere Gärten, bei denen man auf zahlreichen Wegen um einen Teich gehen kann. In einem solchen Garten kann es aber auch sogenannte trockene Teichlandschaften geben, bei denen jegliches Wasser fehlt. Der Betrachtungsgarten wird in der Regel nur von einer Veranda aus bewundert und selten betreten. Betrachtungsgärten können im Gegensatz zu Teichgärten sehr klein sein und sich auf nur wenige Quadratmeter beschränken. Hier findet man nur Steine, Kies und Sand. Wenn Pflanzen vorkommen, spielen sie nur eine ergänzende Rolle. Ein Teegarten stellt eine reale Landschaft da. Er befindet sich in der Nähe des Teepavillons, in dem die Teezeremonie abgehalten wird.

Trotz ihrer Eigenarten fand ich aber in allen Gärten die gleichen Sinnbilder wieder: den Berg, den Teich und die Inseln. Darüber hinaus symbolisierten manchmal auch besonders bizarre Steine Kaskaden, Wasserläufe oder mythische Tiere. Besonders häufig sind es die Schildkröte und der Kranich, die dargestellt werden, denn sie stehen für ein langes Leben. Und trotzdem bleiben die Darstellungen in allen Gärten immer recht vage. Durch die verschiedenen Betrachtungsmöglichkeiten wird eine allgemeine Interpretation der Gartenlandschaft schwierig. Dies ist beabsichtigt, denn der Besucher eines Gartens soll je nach Empfinden sowie nach dem persönlichen Anliegen seinen eigenen Blickwinkel wählen und individuelle Erfahrungen machen.

Genau diese abstrakte Gestaltung der Gärten lehrte mich, jeden Garten immer wieder unvoreingenommen zu betreten. Mit Suzuki Roshis Worten, »Zen-Geist ist Anfänger-Geist«, lernte ich, jeden Garten immer wieder mit großer Aufmerksamkeit und Neugierde zu betrachten. So, als würde ich zum ersten Mal in meinem Leben einen Zengarten sehen. Dies gelang mir auch in Morihiros Garten. Ja, sogar noch nach drei oder vier Wochen betrat ich ihn mit den Augen eines Kindes: neugierig, offen und vollkommen unvoreingenommen. Somit erlebte ich die Steine des Gartens je nach Lichteinfall und eigener Stimmung ganz unterschiedlich. Stellte ein aufrecht stehender Stein am Nachmittag einen Berg dar, so schien er sich zu einem anderen Zeitpunkt in ein Tier verwandelt zu haben. Genauso aber konnte der gleiche Stein mich an einen Wasserfall, an einen sich entfaltenden Gedanken oder an den vollkommenen Buddha erinnern.

Auch meine Stimmungen spiegelten sich offensichtlich in der Interpretation des Gartens wider. Aber eines blieb gleich: Ich erlebte mich dort immer als Teil des gesamten Universums, Teil des Ganzen – eins mit allem anderen und gleichzeitig vergänglich. Dieses Gefühl der Ganzheit und Vergänglichkeit war aber nicht nur auf mein eigenes Empfinden zurückzuführen, sondern findet sich in sämtlichen philosophischen und religiösen Strömungen Japans. Es hat das besondere Verhältnis des Menschen zur Natur geprägt und ist auch in den Zengärten zu finden.

Während meines Aufenthaltes wurde der Garten des Klosters zu meinem Lieblingsplatz. Er schien für mich der einzige Ort zu sein, um die vielschichtigen Eindrücke Tokios verarbeiten zu können. Die Hoffnung, dass ich von einem der Mönche unserer Universität etwas über Meditation lernen könne, hatte ich mittlerweile ganz aufgegeben. Die Gastväter der anderen Studenten schienen ebenfalls nicht sehr viel Interesse am Zen bzw. an der für mich so gehaltvollen Spiritualität Japans zu haben. Einige der Mönche wären am liebsten in der Wirtschaft tätig gewesen und betrieben auch kleine Exportgeschäfte mit dem Ausland. Andere zogen es vor, Golf zu spielen und Sake zu trinken. Auch hier realisierte ich, dass eine Mönchskutte noch lange keinen Erleuchteten macht. Nur zwei der Gastväter schienen morgens regelmäßig zu meditieren. Sie waren die besten Freunde meines Gastvaters.

Unter den Schatten spendenden Ahornbäumen des Gartens hingegen wurde mein Herz tief berührt und mein Verstand weit. Immer wieder waren es die Steinkompositionen, die mich magisch anzogen. Im Shintoismus, der ursprünglichen Religion Japans, besaßen außergewöhnliche Steine eine Identität und wurden als Wohnstätte der Geister verehrt und zum Schutz eines Hauses verwendet. Man spricht auch heute noch von ihrer Essenz, davon, was sie erzählen oder woran sie erinnern. Ein solcher Stein bringt häufig ein besonderes Gefühl der Harmonie, Ehrerbietung, Reinheit und Stille zum Ausdruck – *Wa Kei Sei Jaku*. Oftmals hatte ich auch wirklich das Gefühl, dass die Steine beseelt waren und mich das Wesen des Zen lehrten. Sie inspirierten mich dazu, mich im Schweigen für das Wesentliche der Natur zu öffnen, alle Vorstellungen loszulassen und einfach nur zu sein – von Moment zu Moment. Beschäftigte mich an einem Tag eine Frage besonders intensiv, so konnte es passieren, dass ich im Rauschen eines Baumes und in der Betrachtung eines Steines die Antwort fand. Je weniger Vorstellungen ich hatte, desto größer war die Einsicht und somit das Geschenk, das ich erhielt. Ja, es schien mir eines Tages sogar so, als hätte ich meinen Zenmeister doch noch gefunden. Es war der Garten selbst.

Es muss nicht immer ein Mensch sein, der uns zum Lehrer wird. Wie diese Geschichte deutlich macht, kann uns auch ein Garten, ein Baum oder ein See etwas beibringen. Manchmal ist es auch ein Tier, das uns als Spiegel dient und uns unser Verhalten aufzeigt oder in dessen Augen wir plötzlich die Verbundenheit mit allen Wesen erkennen. Wir brauchen nur offen zu sein für die Vielfalt an Lehrern, die das Leben uns bietet.

Den Bodhisattva erkennen

Es gab einmal eine buddhistische Gemeinschaft, die hatte im 15. und 16. Jahrhundert viele Klöster in Japan. Doch aufgrund von Machtkämpfen und Intrigen hatte die Zahl der Schülerschaft drastisch abgenommen, sodass es nur noch ein Kloster gab, das am Fuße des Fujiyama lag und in dem fünf Mönche lebten.

In der Nähe des Klosters gab es eine Hütte, in die sich von Zeit zu Zeit ein Rabbi zurückzog. Eines Tages bemerkte der Abt des Klosters, dass der Rabbi wieder in der Hütte war. »Der Rabbi ist wieder da! Der Rabbi ist wieder da!«, erzählte er aufgeregt den anderen vier Mönchen. Er war deshalb so nervös, weil er die Nacht zuvor von dem Rabbi geträumt hatte. Dieser hatte ihn eingeladen, ihn in seiner Hütte zu besuchen.

Deshalb machte der Abt sich am nächsten Tag auch direkt auf und besuchte den Rabbi. Sie tauschten sich den ganzen Tag über sehr lebhaft aus. Am Abend klagte der Abt dem Rabbi das Leid seines Ordens und erzählte ihm, dass es nur noch fünf Mönche gab. »Was können wir tun, damit sich wieder mehr Menschen für unsere Lehre interessieren?«, fragte der Abt verzweifelt. »Ihr müsst herausfinden, wer von euch fünf Mönchen der Bodhisattva ist. Wenn euch dies gelingt, werden die Menschen wieder von nah und fern zu euch strömen.« Mit einer solchen Aussage hatte der Abt nicht gerechnet. Die beiden verabschiedeten sich und umarmten sich noch einmal herzlich, bevor der Abt zurück in sein Kloster ging.

Als er dort ankam, rief er aufgeregt alle Mönche zusammen. »Der Rabbi hat gesagt, dass ein Bodhisattva unter uns ist. Es wäre an uns, herauszufinden, wer von uns das ist.« Die Mönche schauten einander an und waren erstaunt. Wer war gemeint? Wahrscheinlich war es der Abt selbst, der sich durch sein starkes Mitgefühl auszeichnete. Oder aber es war Masahiro, der am Ende immer recht hatte. Busher konnte es bestimmt nicht sein, weil er sehr launisch war. Doch keiner schrieb so schöne Haikus wie er. War er es vielleicht doch? Oder Seiko? Nein, der war viel zu phlegmatisch. Aber er war in der Lage, mit Tieren zu sprechen. Jetzt schauten alle auf Akasaki. Er war der intelligenteste von allen. War er gemeint?

Von dem Tag an begannen die Mönche, einander mit sehr viel Respekt zu behandeln. Schließlich musste einer von ihnen der Bodhisattva sein. Mit der Zeit wirkte sich dieser Umgang auch auf ihr Selbstverständnis aus und sie waren freundlicher, mitfühlender und liebevoller im Umgang mit sich selbst. Und manchmal fragten sie sich, ob vielleicht sie selbst der Bodhisattva sein könnten. Und je mehr sie diese Überlegung in Betracht zogen, desto liebevoller, gütiger und achtsamer wurden sie – auch im Umgang mit sich selbst. Schließlich bekam jeder der Mönche eine ganz andere Ausstrahlung – und das sprach sich herum. Neugierige und Suchende kamen und genossen die Art und Weise, wie die fünf mit sich selbst und den anderen umgingen.

Es dauerte nicht mehr lange, da kamen auch schon wieder Menschen, die im Kloster leben und von ihnen lernen wollten.

Wenn wir anfangen, uns für die Möglichkeit zu öffnen, dass wir selbst der Bodhisattva sein könnten, wir selbst ein Buddha sein könnten, dann beginnen wir, uns selbst mit mehr Respekt, Achtung und Mitgefühl zu begegnen. Normalerweise kommen wir gar nicht auf die Idee, dass wir selbst etwas Großartiges sein könnten, sondern glauben, eine solch spirituelle Größe nur in anderen Menschen zu finden. Dies ist wohl auch eines der größten Hindernisse auf dem spirituellen Weg. Wir alle können tief greifende, wunderschöne Erfahrungen von Ganzheit und Fülle machen, die uns zutiefst berühren. Aber sehr schnell schaltet sich der Verstand wieder ein und redet uns ein, dass wir es doch gar nicht verdient haben, dass wir es doch gar nicht wert sind oder dass wir doch noch gar nicht hart genug dafür gearbeitet haben. Somit ist es wohl auch eine der größten spirituellen Übungen, uns für diese Möglichkeit zu öffnen. Und gleichzeitig ist es auch eine der schönsten Übungen. Begegnen wir uns nämlich mit Selbstmitgefühl, Selbstachtung, Selbstwert wird unsere Praxis durch eine tiefe Liebe erfüllt.

Die Begegnung am Kailash

Vor einigen Jahren begegnete mir auf einer Indienreise Evelyn. Sie ist Therapeutin und Reiseleiterin. Wir unterhielten uns viel über Gott und die Welt, über innere und äußere Reisen und über die Begegnungen mit spirituellen Lehrern. Eines Abends erzählte sie mir folgende Geschichte:

Wir befanden uns mit einer Reisegruppe am Berg Kailash. Sobald der überdimensional große Flaggenmast aufgestellt war und Abertausende bunte Gebetsfahnen, die an ihm festgebunden waren, wild im immer gegenwärtigen starken Wind des tibetischen Hochplateaus flatterten, setzte sich ein Strom aus zahlreichen Pilgern in Gang, um den heiligen Berg zu umwandern. Auch wir reihten uns ein und begaben uns auf die Kora, die heilige Umrundung dieses mythischen Berges, dem in unzähligen Schriften und Geschichten unterschiedlicher Religionen seit alters große spirituelle Bedeutung zugemessen wird. Mein Mann Bernd und ich hatten schon mehrmals Reisegruppen hierher geleitet, die sich von diesem kosmischen Mandala auf dem Dach der Welt angezogen fühlten.

Das Pilgerfest mit der rituellen Erneuerung der Gebetsfahnen wird nur einmal im Jahr zelebriert, immer zum Vollmond im Mai oder Juni – entsprechend dem tibetischen Kalender, wenn Sonne und Mond sich genau gegenüberstehen und eine astrologische Opposition bilden. Dann ist es Zeit für das Vesakh-Fest oder Saka Dawa, wie die Tibeter es nennen. Zu diesem Zeitpunkt, so erzählen es die magischen Geschichten, die sich um den Berg und die gesamte Kailashregion ranken, öffnen sich die Tore des Himmels, die Essenz des Buddha wird spürbar und wirkt sich als Segen auf alle aus, die sich in seinem Energiefeld aufhalten. Die Umrundung des »kostbaren Schneejuwels«, wie die Tibeter den Berg nennen, verheißt spirituelle Reinigung.

Jeder Tibeter möchte mindestens einmal im Leben diese beschwerliche Reise auf sich nehmen, um seiner Hingabe an alle Buddhas und Bodhisattvas und seinem Wunsch nach Erleuchtung Ausdruck zu verleihen. Das Saka-Dawa-Fest ist dafür der beste Zeitpunkt. Das von vielen vor sich hin gemurmelte »Om mani padme hum«, das Mantra des Avalokiteshvara, des Schutzpatrons Tibets, ist allgegenwärtig und scheint mit dem Wind und den flatternden Gebetsfahnen zu einem einzigen heiligen Ton zu verschmelzen. »Oh du Juwel im Herzen der Lotusblüte« wird das Mantra übersetzt. Seine tiefere Bedeutung und wirkliche Essenz erschließt sich nur dem, der den Anweisungen der Lehrer folgt, die hinter die Schleier unserer Wahrnehmung blicken und uns die Augen öffnen können für unsichtbare geistige Welten. Von einem solchen Lehrer träume ich auch! Manche Mythen erzählen davon, dass

100 000 Buddhas um den Kailash herum einen für uns Menschen unsichtbaren Kreis bilden. Sie sind in tiefe Meditation versunken und halten mit der Kraft ihrer Mantren den Berg auf der sichtbaren, materiellen Ebene. Ohne diesen Kreis, so sagen die alten Schriften, wäre der Berg aufgrund seiner immensen geistigen Essenz nicht mehr sichtbar.

Ich wollte mich bei dieser Umrundung des Kailash innerlich mit den alten Mythen verbinden und wünschte mir, einen Blick zu erhaschen in jene unsichtbaren Welten und hinter die Schleier dessen, was wir mit unserer alltäglichen Wahrnehmung als Realität deuten. Die Umrundung dauerte drei Tage. Manche Tibeter gingen Tag und Nacht und schafften die zirka 50 Kilometer ohne größere Pausen. Sie hatten ihre Wasserkessel dabei und kochten unterwegs Tee. Tsampa oder etwas getrocknetes Yakfleisch trugen sie unter ihren Ärmeln und in den Taschen ihrer weiten Mäntel. Sehr viel länger brauchten die Pilger, die die gesamte Kora sozusagen mit ihrer Körperlänge ausmaßen. Sie warfen sich dabei auf traditionelle rituelle Art nieder, berührten mit der Stirn den für sie heiligen Boden und setzten von diesem Punkt aus den nächsten Schritt. Von der Strapaze dieser unzähligen Niederwerfungen erhofften sie sich noch größere spirituelle Verdienste. Wir hatten Yaks dabei, die unser Gepäck, alle Nahrungsmittel und die Küchenausrüstung sowie ein Essenszelt trugen. Das war eine große Erleichterung, denn die zunehmend dünner werdende Luft auf bis zu 5600 Meter Höhe machte dem Körper zu schaffen. Auch emotional und geistig wollte verarbeitet sein, was das Energiefeld des Kailash im Einzelnen auslöste. Dieses Erleben war für jeden Menschen ganz individuell und nicht umsonst wird der Berg als »Rinpoche«, als kostbarer Lehrer, angesehen.

Ich bemerkte zunehmend, wie meine ursprünglichen Wünsche und Hoffnungen in der körperlichen Anstrengung unterzugehen schienen. Geistige Visionen wollten sich nicht einstellen und als am zweiten Tag eine Nebelfront aufzog, waren mein Blick und mein Horizont buchstäblich auf die nächsten zwei vor mir liegenden Schritte begrenzt. Als die Nebelfront sich zu einem Schneesturm ausweitete, war ich nur noch damit beschäftigt, gegen die Kälte, den Wind und die hereinbrechende Dunkelheit anzukämpfen. Und, so schien es mir, diese Dunkelheit legte sich auch innerlich über meine Wahrnehmung. Ich sehnte mich heim an ein offenes Kaminfeuer und in die Sicherheit meiner vier Wände. Ein flatterndes Zeltdach auf knapp 5000 Meter Höhe, das zusehends eingeschneit wurde, ließ meinen Blick eng werden und meinen Geist in ängstliche Fantasien abtauchen.

Am nächsten Tag hatte sich der Sturm gelegt. Es war ein klarer Sonnentag und wir machten uns auf zum Dölma-La-Pass. Wieder reihten wir uns ein in den endlos scheinenden Strom der Pilger: Mütter, die ihre Kinder auf dem Rücken trugen, alte Männer, die humpelnd und in ausgetretenen Schuhen den alten Pfaden folgten oder Gruppen von Mönchen. Eine dieser Gruppen war mir am Vortag schon aufgefallen, schien sie doch in etwa demselben Tempo zu gehen wie wir. Allerdings machten die Mönche zu unterschiedlicher Zeit Rast, sodass manchmal wir sie einholten und manchmal sie uns. Allmählich schienen mir diese vier Mönche wie alte Bekannte. Ich erkannte das Quartett schon von Weitem an ihren Konturen: ein hochgewachsener schlanker älterer Mönch, ein kleinerer, etwas korpulenterer sowie zwei jüngere Mönche. Sie trugen kaum etwas bei sich und ihre dunkelroten Roben waren vom Wind, dem Staub und dem Schnee vom Vortag in einem armseligen Zustand. Immer wieder fragte ich mich, wie die Mönche diesen Weg so bewerkstelligen konnten. Als wir am Dölma-La-Pass ankamen, dem Höhepunkt der Umrundung, war das Quartett schon da und zelebrierte an dem der Göttin Tara gewidmeten Felsen ein kleines Opferritual, eine Puja.

Spontan setzte ich mich zu den Mönchen und bot ihnen einige Nüsse an, die ich bis auf den Pass gerettet hatte. Auch ein paar krümelige Kekse waren noch in meiner zerknitterten Plastiktüte. Das schien mir nicht viel, aber doch besser als nichts. Die Mönche bedankten sich und brachen auf. »We meet again«, verabschiedete sich der ältere Mönch.

Am letzten Abend, nachdem wir die Kora beendet hatten und alle erschöpft, aber beseelt wieder am Ausgangspunkt in Darchen, einer kleinen Ansammlung einfacher Behausungen und Zelte am Fuße des Kailash, angekommen waren, staunte ich nicht schlecht, als plötzlich einer der jungen Mönche aus dem Quartett zu unserem Zelt kam. Er winkte mich heraus und bedeutete mir, ihm zu folgen. In einiger Entfernung sah ich ein prachtvolles, riesengroßes tibetisches Zelt stehen. Es war reich geschmückt und mit den Glück verheißenden Symbolen bestickt. Der Mönch öffnete das Zelt. Ich zog instinktiv meine Schuhe aus und trat auf die kostbaren Teppiche, die im gesamten Zelt ausgelegt waren. Im hinteren Teil sah ich den älteren Mönch, wie er die Köpfe einiger tibetischer Pilger berührte, die vor ihm kniend um seinen Segen baten. Als er mich sah, winkte er mich zu sich. Er bedankte sich für die Nüsse oben am Pass. Er hatte inzwischen eine andere Robe an, an der ich erkannte, dass er ein hoher Rinpoche sein musste. Er wies mir einen Platz neben den anderen Pilgern und ich wurde zu Tee und einem köstlichen tibetischen Essen mit Tukpa und Momos eingeladen.

Benommen verließ ich danach das Zelt, nicht ohne mich von ihm zu verabschieden und mich herzlich zu bedanken. Auf dem Weg zurück in unser Lager fragte ich einen der jungen Mönche, wer denn der ältere Mönch sei. »This is Venerable Bokar Rinpoche«, antwortete dieser, weise lächelnd. Ich konnte es kaum fassen, war mir doch Bokar Rinpoche vom Namen her schon lange ein Begriff. Er repräsentierte eine der buddhistischen Übertragungslinien, der ich mich sehr verbunden fühlte. Er war ein angesehener Lehrer und Schüler aus aller Welt suchten ihn für Belehrungen und seinen kraftvollen Segen auf. In Deutschland standen Bücher von ihm in meinem Regal. Schon lange hatte ich mir insgeheim gewünscht und davon geträumt, ihn einmal zu treffen oder gar von ihm als Schülerin angenommen zu werden. Da pilgerte ich um den heiligen Berg, wollte mich unsichtbaren geistigen Welten öffnen, die Essenz der Buddhas schauen und diesen von mir so hoch geschätzten Lehrer konnte ich nicht sehen, obwohl er mehr oder weniger immer neben mir herlief. Ich hatte ihn nicht erkannt. Die Magie des Lebens hatte sich längst meiner Wünsche angenommen und mich zur richtigen Zeit an den richtigen Ort geführt, um ihm zu begegnen. Für die kommenden Jahre sollte er einer jener Lehrer sein, die ich mir immer erträumt hatte.

Eine spirituelle Praxis im Buddhismus ist, dass man sich vorstellen soll, dass jeder Mensch, der einem begegnet, ein Buddha ist, von dem wir viel lernen können. Wenn wir anderen Menschen mit einer solchen Sichtweise begegnen, ist jeder Tag angereichert mit zahlreichen spirituellen Lektionen. Besonders schwierig wird eine solche Übung natürlich dann, wenn wir einen Menschen unsympathisch, dumm, arrogant, oberflächlich oder naiv finden. Einen solchen Menschen als einen Buddha zu betrachten und den Blick auf das zu richten, was er uns in dem Moment der Begegnung über unsere Art der Bewertung, der Ablehnung lehrt, ist eine sehr hilfreiche Übung!

Darüber hinaus habe ich persönlich die Erfahrung gemacht, dass spirituelle Lehrer, die sehr weit fortgeschritten sind in ihrer Praxis und nicht mehr so an ihrer Rolle als spirituelle Lehrer hängen, sich durch

Bescheidenheit auszeichnen. Auf den ersten Blick unterscheiden sie sich in einer großen Menschenmenge dann nicht von Anfängern. Erst ihr Verhalten zeigt ihre wahre Tiefe.

Übung: Begegnung mit einem großen Lehrer

Wir alle werden mit einem Zugang zu inneren Qualitäten der Weisheit, Klarheit und des Gewahrseins geboren. Sie gehen unserer Persönlichkeitsstruktur voraus und kommen je nach Disposition und biografischer Entwicklung mehr oder weniger zum Vorschein und zum Tragen. Es sind Qualitäten, die jeder große spirituelle Lehrer in sich trägt. Wir brauchen uns nur für sie zu öffnen, sie wahrzunehmen und sie zu kultivieren: Weisheit, Unterscheidungsvermögen, Mitgefühl, achtsame Präsenz, Gleichmut, Klarheit und Mitgefühl. Öffnen Sie sich dafür, dass auch Sie diese Qualitäten besitzen. Sie können sich Ihnen durch einen inneren Lehrer zeigen, der in Ihnen wohnt und vielleicht viel intensiver durch Sie hindurchwirkt, als Ihnen bewusst ist. Pflegen Sie den Kontakt zu diesem Lehrer so, wie Sie die Freundschaft zu einem Menschen in Ihrem realen Leben pflegen und wie Sie auch dessen Ratschläge beherzigen.
Machen Sie die folgende Übung nach Möglichkeit regelmäßig: abends, bevor Sie einschlafen, oder morgens vor dem Aufstehen. Nehmen Sie sich zehn bis 20 Minuten Zeit. Sorgen Sie dafür, dass Sie nicht gestört werden.

- Nehmen Sie eine aufrechte Sitzhaltung ein.
- Schließen Sie die Augen und gehen Sie mit Ihrer Aufmerksamkeit nach innen.
- Stellen Sie sich vor, dass Sie einen Tempel, einen Raum oder die Halle eines Meditationszentrums betreten.

- Nehmen Sie dort vor dem Stuhl oder Kissen des Meditationslehrers Platz.
- Stellen Sie sich vor, dass ein großer Lehrer, ein Lama, ein Buddha oder ein Meister, den Raum betritt und sich vor Ihnen auf den Platz setzt.
- Nachdem er sich hingesetzt hat und Sie sich begrüßt haben, können Sie ihn alles fragen, was Sie für Ihre spirituelle Entwicklung oder für den nächsten Schritt auf Ihrem spirituellen Weg benötigen.
- Hören Sie ihm gut zu. Vielleicht ist seine – oder ihre – Antwort eine ganz andere, als sie erwarten, aber nehmen Sie an, was der Weise in Ihnen zu sagen hat.
- Verabschieden Sie sich abschließend von ihm. Kehren Sie dann in den gegenwärtigen Moment zurück.
- Machen Sie sich bewusst, dass Sie jederzeit an diesen Ort zurückkehren und diesen Lehrer um Rat fragen können.

Spirituelle Lehrer sind auch nur Menschen

Was die vielen großen Lehrer betrifft,
denen ich in Indien und Asien begegnet bin,
bring sie nach Amerika,
gib ihnen ein Haus, zwei Autos, eine Ehefrau,
drei Kinder, einen Beruf,
lass sie mit Versicherungen und
Steuerzahlungen zu tun haben ...
sie hätten es allesamt schwer.
PIR VILAYAT KHAN

Die Begegnung im Zug

Vor einigen Jahren fuhr ich auf Anraten eines guten Freundes zu einem Retreat in die Schweiz. Dorthin hatte man einen buddhistischen Lehrer aus Amerika eingeladen, der für seine Belehrungen zum Thema Mitgefühl und der damit zusammenhängenden sogenannten Metta-Praxis sehr bekannt war. Meinem Freund war es durch die Ausführungen dieses Lehrers gelungen, sich selbst gegenüber mehr Liebe zu entwickeln und auch gegenüber seinem Vater großzügiger zu werden und diesem einiges zu vergeben, was er ihm in seinen Augen angetan hatte.

Ich fuhr mit dem Zug in die Schweiz. In die Reihe hinter mich setzte sich ein Paar, das sich auf Englisch angeregt zu unterhalten begann. Nach kurzer Zeit wurde mir aus dem unfreiwilligen Zuhören klar, dass die beiden das gleiche Ziel hatten wie ich – nämlich das Retreat in der Schweiz. Als die Sprache auf den ehemaligen Leiter des Seminarhauses kam, in dem das Retreat stattfinden sollte, fing der Fahrgast hinter mir an, über diesen zu schimpfen wie ein Rohrspatz. Es wurde mir ganz unwohl dabei, dass ich Zeugin dieses Gesprächsverlaufs wurde. Der ehemalige Seminarleiter hatte wohl parallel zu seiner Ehe eine Beziehung mit einer französischen Zenlehrerin geführt. Wegen ihr hatte er das Zentrum nun auch verlassen.

Ich war erstaunt über die rigorose Sichtweise des Reisenden. Er schien überhaupt nicht die Bereitschaft zu besitzen, sich gedanklich in die Situation des Seminarleiters versetzen zu wollen – oder zu können. Dies machte mich traurig, denn – so überlegte ich, als ich versuchte, mir den Angeklagten vorzustellen – was wissen wir schon, was den Liebenden zu seiner Handlung veranlasst hatte. Ich dachte mir weiter, dass dem Fremden das Seminar, zu dem wir gerade fuhren, gut-tun würde. Denn ich hatte den Eindruck, dass er von Mitgefühl und »rechter Rede« – zwei aus buddhistischer Sicht wichtigen Aspekten auf dem Weg zum inneren Frieden – wohl noch nicht viel gehört hatte und hierüber bestimmt einiges würde lernen können. Die Worte des Fremden wirkten sich nämlich spürbar auf meine Stimmung aus. Obwohl ich selbst nicht betroffen war, vergifteten seine negativen Kommentare die Atmosphäre und mir wurde in diesem Moment bewusst, wie umfassend sich unachtsame Sprache auswirken kann. Es war nicht nur das negative Gefühl, das sich in mir selbst in dem Moment ausbreitete, sondern ich merkte, dass ich aufpassen musste, dass kein negatives Bild in mir über den Seminarleiter entstand, ohne ihn zu kennen. Wie oft reden wir schlecht über eine dritte Person, ohne uns bewusst zu werden, dass sich ein solches Gespräch viel negativer auf ihren Ruf auswirken kann, als uns in dem Moment bewusst ist.

Als wir am Bahnhof ankamen, schaute ich kurz zu dem Fremden hinüber. Sein Gesicht wirkte sehr offen und seine Ausstrahlung war positiv und freundlich. Das erstaunte mich sehr und passte nicht mit meinem Erleben im Zug zusammen. Nach dem allgemeinen Check-In und dem anschließenden Abendessen im Seminarhaus ging ich in die Meditationshalle und suchte mir einen Platz, an dem ich die nächsten Tage sitzen wollte. Als der buddhistische Lehrer als Letzter den Raum betrat, staunte ich nicht schlecht: Es war der schimpfende Fahrgast. Ich hatte zwar bereits ein Foto von ihm auf seiner Website gesehen, aber auf dem trug er einen Bart. Deshalb hatte ich ihn nicht sofort wiedererkannt. In den darauffolgenden drei Tagen vermittelte er uns Zuhörern die Theorie der Metta-Praxis auf eine so berührende Art, wie ich es noch nie zuvor erlebt hatte. Seinen Abschlussvortrag schloss er mit folgenden Worten: »Seid nicht allzu streng, wenn ihr jemanden wegen seiner Fehler tadelt. Denkt daran, wie viel er ertragen kann. Seid auch nicht allzu ehrgeizig, wenn ihr jemanden ans Gute ermahnt. Steckt ihm lieber ein Ziel, das er erreichen kann.« Als ich auf der Rückfahrt ganz allein im Zug saß, ließ ich seinen zutiefst berührenden Vortrag in mir nachwirken und war froh, dass niemand hinter mir saß und sich unterhielt.

Diese Erfahrung zeigte mir, dass ein guter Meditationslehrer nicht unbedingt frei davon ist, andere Menschen zu bewerten. Diese Einsicht war für mich auch eine Initialzündung, mehr darauf zu achten, wie viel spirituelle Lehrer von dem, was sie lehren, in ihren eigenen Alltag integrieren. Aber nie zuvor hatte ich einen Lehrer getroffen, der so gut war in der Vermittlung des Mitgefühls wie dieser Mann.

Der mürrische Abt

Als ich vor einigen Jahren eine Ayurvedakur auf Sri
Lanka gemacht habe, bot der Besitzer der Einrichtung
im Rahmen des Programms einen Besuch im buddhistischen Tempel des Dorfes an, bei dem der Abt die Anwesenden segnen wollte. Ich freute mich riesig auf den
Ausflug, da ich bislang noch keinen Kontakt mit einem buddhistischen Mönch auf Sri Lanka gehabt hatte. Durch das Kloster führte uns ein junger Novize.
Wohlgenährt und mit wachem Blick scherzte er hier
und da auch mit uns Frauen. Von Berührungsängsten
keine Spur.

Zur anschließenden Segnung durch den Abt sam-
melten wir uns im Innenhof des Tempels. Einige ältere
Einheimische kamen ebenfalls dazu und auch ein paar
Touristen aus nahe liegenden Resorts. Unter einem
Dach nahmen wir Platz und warteten auf das Oberhaupt des Tempels. Während wir dort saßen, guckte
ich mir die weitläufige Tempelanlage etwas genauer an.
Es schien schon länger her, dass die Wände einen frischen Anstrich erhalten hatten. Der Putz bröckelte an
einigen Stellen des Gemäuers, die Tür- und Fensterrah-
men waren morsch und schienen im Begriff auseinan-
derzufallen. Der Tempel hatte seine besten Tage ganz

offensichtlich hinter sich – das ganze Areal wirkte heruntergekommen. Ich hatte das Gefühl, dass nicht Armut, sondern ein Mangel an Pflege für den erbärmlichen Zustand der Anlage verantwortlich war.

Es dauerte eine ganze Weile, bis der Abt des Klosters kam. Der alte Mann trat durch eine Nebentür und schlurfte in langsamen Schritten über den staubigen Innenhof auf uns zu. Er war sehr groß und ausgesprochen hager. Sein Gang war gebeugt und staksig. Er schien nur noch aus Haut und Knochen zu bestehen. Sein Gesicht war markant. Die Wangenknochen waren deutlich zu sehen, die Lippen waren schmal und blutleer. Die dichten weißen Augenbrauen bildeten einen starken Kontrast zu der dunklen Hautfarbe des Abtes. Als er sich auf ein kleines Stühlchen setzen wollte, ging ihm jemand zur Hand und wollte ihm dabei helfen. Auch wenn ich die Sprache nicht verstand, so war offensichtlich, dass er die Person barsch anging und maßregelte. Der Alte passte zu der heruntergekommenen Anlage. Die spirituelle Praxis findet nicht nur auf dem Meditationskissen statt, sondern auch im Umgang mit unserer Umwelt manifestiert sich die Reinheit und Klarheit unseres Geistes. Nicht umsonst ist die Arbeitsmeditation in buddhistischen Zentren ein wichtiger Aspekt der spirituellen Praxis. Spiegelt sie doch unseren Umgang mit uns selbst, unserem Körper und der Materie wieder.

Nachdem der Abt Platz genommen hatte, wanderten seine braunen Augen über die Menge der Anwesenden. Sein Blick passte eher zu dem eines schlecht gelaunten

Offiziers als zu einem buddhistischen Mönch. Dieser Augen-Blick ließ mich erschaudern. Als er seine dürren und knorrigen Hände vor dem Gesicht zusammenlegte und »Namasté« sagte, erinnerte er mich an einen Alien.

»Namasté« bedeutet übersetzt: »Das Göttliche in mir grüßt das Göttliche in dir.« Ich suchte nach einem Ausdruck von Liebe in den Augen des Mönchs, nach Lachfalten um seinen Mund, nach etwas Gewinnendem in seiner Mimik, nach etwas Vertrauenerweckendem in seiner Verbeugung, die mit dem Gruß einherging. Aber es war nichts da, was mich annehmen lassen konnte, dass er Liebe, Mitgefühl oder Demut verinnerlicht hatte. Stattdessen wirkte er auf mich zutiefst frustriert, verbittert und mürrisch. Ein Satz der buddhistischen Lehrerin Ayya Khema fiel mir ein, die einmal gesagt hatte: »Wir strahlen unser Innenleben aus.« In diesem Mönch sah ich ihre Aussage verkörpert. Je länger ich den alten Mann betrachtete, desto größer wurde der Widerwille in mir, mich von diesem Menschen segnen zu lassen. Eine buddhistische Robe macht noch keinen Weisen, dachte ich mir.

Neben mir saß eine Frau aus meiner Ferienanlage und in dem Moment, in dem der Abt anfing, mit gesenktem Kopf etwas vor sich hin zu murmeln, trafen sich unsere Blicke. Sie schien meine Gedanken gelesen zu haben und flüsterte mir zu: »Von dem will ich nicht gesegnet werden.« Ich nickte ihr zustimmend zu und suchte schon nach einer Möglichkeit, wie wir uns absetzen könnten. Da wir aber in der Mitte der Gruppe saßen, war es uns nicht möglich, aufzustehen und zu gehen. Das wäre einem Affront gegenüber dem Mönch und seinem Kloster gleichgekommen. Zu gehen verbot mir der Anstand. Somit schloss ich die Augen und stellte mir vor, in einer goldenen Schutzhülle zu sitzen. Dabei fühlte ich mich bedeutend wohler.

Am Ende der Segnung, als alle Anwesenden aufstanden, warf sich eine junge, attraktive Touristin dem Abt zu Füßen und verharrte dort in demütiger Haltung. Der Abt selbst schien davon unbeeindruckt. Kein Lächeln. Keine Berührung. Keine Geste der Zuwendung. Es dauerte auch nicht lange, da wandte sich der Abt von der jungen Frau ab und verschwand wortlos.

Der Resortleiter lud uns ein, gemeinsam mit ihm zum Haus des Abtes zu gehen, um ihm dort persönlich eine finanzielle Spende zu überreichen. Auch hier sträubte sich alles in mir. Gleichzeitig aber kam die Frage in mir auf, welche Konsequenzen es für mich haben könnte, wenn ich mich dem Abt so gänzlich verweigern würde. Welchen Preis würde ich dafür zahlen müssen, wenn ich nicht das göttliche Wesen in ihm sehen und ihm nichts spenden würde? Würde ich dafür bestraft, dass ich »reiche« Westlerin einem offensichtlich so armen Menschen nichts geben wollte? Gedanken wie diese überschlugen sich in meinem Kopf. Zum Glück nahm ich mich selbst in dem Moment mit etwas Abstand wahr und konnte sehen, wie sehr allein der Status dieses Mannes dafür sorgte, dass ich mich für mein konsequentes Verhalten schuldig fühlte. Doch ich wollte – ganz im Sinne des Buddha – selbst entscheiden, wem ich vertraue und wem nicht. Unabhängig davon, ob jemand als spirituelle Autoritätsperson auftrat.

Unterstützt wurde mein Entschluss, dem Abt, der mir so unsympathisch war, nichts zu spenden, ein paar Momente später von der Frau aus meiner Ferienanlage, die sich neben mich stellte und sagte: »Also, ehrlich gesagt, ich möchte nicht nur keinen Segen, ich will auch nicht spenden!« Ich lächelte ihr zustimmend zu und in ihr schien die Entscheidung Ähnliches auszulösen wie in mir, denn sie meinte anschließend: »Hm, hoffentlich tut der uns nichts Böses ...« Wir lachten beide, obwohl uns in dem Moment eigentlich gar nicht zum Lachen zumute war. Vielmehr fühlten wir uns als Außenseiter und es war uns auch dem Leiter des Ayurvedaresorts gegenüber unangenehm, dass wir die Einzigen waren, die nicht zu dem Abt gingen, um ihm Geld zu überreichen. Aber wir blieben uns treu. Nachdem alle anderen gespendet hatten, fuhren wir wieder zum Hotel zurück.

In der gleichen Nacht wurde ich von einem starken Gewitter geweckt. Der Donner glich einem himmlischen Paukenkonzert. Die Blitze erhellten mein Zimmer und die Regentropfen prasselten laut klatschend gegen das Dachfenster. Ich bekam Angst und sofort fiel mir der mürrische Abt ein. Brachte er etwa gerade seinen Unmut über meine Ablehnung ihm gegenüber zum Ausdruck? Ich dachte an die andere Frau und fragte mich, ob sie wohl ebenfalls wach im Bett lag. Ich lachte bei der Vorstellung, obwohl mir gar nicht wohl dabei war. Ich zog die Bettdecke bis an die Nasenspitze und dachte mir: »Fünf Euro hätten dir doch wirklich nicht wehgetan!« Wieder donnerte es laut. Gott sei Dank besann ich mich in dieser Nacht wieder darauf, warum ich mich gegen eine Spende entschieden hatte, visualisierte meine goldene Schutzhülle und schlief dann zufrieden ein.

Natürlich gibt es im Buddhismus nicht nur erleuchtete Mönche, die voller Liebe und Mitgefühl sind. Selbst Äbte haben ihre persönlichen Themen und Probleme – sie bleiben Menschen. Dabei können nicht nur Einzelne, sondern auch ganze Gemeinden Probleme haben, die noch nicht transformiert sind. So haben auch heute noch – um ein Thema exemplarisch herauszustellen – Frauen in buddhistischen Gemeinden nicht allzu viele Rechte. Viele männliche Lehrer wehren sich vehement dagegen, dass Frauen die gleiche Stellung einnehmen wie Männer. Sie entschuldigen ihr Verhalten mit der buddhistischen Tradition. Ob dieser Abt sich Frauen gegenüber so barsch verhielt, weil er sich an die Konventionen seines Ordens hielt oder ob er persönlich ein Problem mit Frauen hatte, kann ich natürlich nicht sagen. Aber für mich war durch sein Verhalten doch offensichtlich, dass er kein ungetrübtes Verhältnis zum anderen Geschlecht hatte. Und somit war er für mich ein guter Lehrer, der mich lehrte, mir selbst mehr zu vertrauen, als einer Frau, die die gleiche spirituelle Sehnsucht in sich trägt wie ein Mann.

Der spirituelle Narzisst

Als ich noch ein »Greenhorn« auf spirituellem Ge-
biet war, schickte das Leben mir einen charismatischen
Lehrer aus Neuseeland, der in Deutschland als Atem-
therapeut arbeitete. Bereits in der ersten Stunde, die ich
bei ihm war, vermittelte er mir das Gefühl, genau zu
wissen, was ich meinte, wenn ich von der Sehnsucht
sprach, wieder Zugang zu jener Tür zu finden, die ich
als Kind so gut verschlossen hatte. Ich erzählte ihm von
Einheitserfahrungen, die ich im Lauf meines Lebens
immer wieder gehabt hatte. Auch hier wusste er sofort,
was ich meinte. Ich war froh, endlich einem Menschen
begegnet zu sein, der mich in der Tiefe verstand. Zum
ersten Mal fühlte ich mich nicht mehr ganz so allein
auf meinem Weg. Dieses Verständnis führte dazu, dass
ich in den kommenden Jahren viele Seminare bei ihm
besuchte. Er wurde, ohne dass ich es beabsichtigt hatte, mein spiritueller Lehrer.

Bereits während der ersten Atemsitzung überwand
ich die Dualität und erlebte ein tiefes Gefühl der Verbundenheit mit allem. Es beeindruckte mich zutiefst,
dass ich eine solche Erfahrung an einem gewöhnlichen
Wochentag in einer kleinen Hinterhofpraxis einzig
mittels einer bestimmten Atemtechnik machen konnte.

In mehrtägigen Seminaren des Lehrers traf ich auch andere Menschen, die ähnliche Erfahrungen machten wie ich, und jeder von uns hatte das Gefühl, auf seine eigene Art und Weise nach Hause zu kommen. In diesen Gruppen fand ich eine Offenheit, die mir im Alltag natürlich nie begegnete. Die Teilnehmer zeigten ihre Wunden aus der Kindheit, denn hier wurde zugehört und mitgefühlt. Und so wie ich öffneten viele wieder die Tür zu jenen Bewusstseinsebenen, die weit über das alltägliche Erleben hinausgehen. Diese Erfahrungen, die für uns alle so umwälzend wie beeindruckend waren, weil sie das, was wir bis dahin erlebt hatten, bei Weitem überschritten, führten dazu, dass wir anfingen, uns als etwas Besonderes zu fühlen. Wir alle merkten nicht, wie unser »Ich« im Begriff war, sich immer mehr aufzublähen, und unser Lehrer bestätigte uns immer wieder darin, dass wir etwas verstanden hätten, was anderen Menschen verschlossen war.

Je tiefer die Erfahrungen von Einheit wurden und je mehr ich andere Wesen und Welten wahrnahm, desto mehr verlor ich den Boden unter den Füßen. Ausgelöst durch eine direkte Erfahrung, in der mir bewusst wurde, dass es auf einer bestimmten Ebene kein Ich mehr gibt, änderte sich schlagartig mein ganzes Leben und damit einhergehend all meine Interessen. Jetzt brannte ich nur noch für Spiritualität und Erleuchtung. Ich hatte nur noch ein Ziel vor Augen: Ich wollte unter der Führung des neuseeländischen Lehrers die Erleuchtung erlangen. Andere Themen hatten kaum noch Platz in meinem Leben. Auch die anderen Schüler engten ihr

Blickfeld ein, statt es zu erweitern. Wir fühlten uns als eine Gruppe von Auserwählten, die die Wahrheit kannten. Allen voran sahen wir in dem Neuseeländer »den« großen Meister und er genoss das Gefühl der Bewunderung von uns allen, die wir unsere spirituellen Erfahrungen, die wir in seinen Seminaren machten, seinen Fähigkeiten zuschrieben. Dass er diese Bewunderung auch brauchte, wurde mir erst im Lauf der Zeit bewusst.

Damals war das Wort Narzissmus bei uns noch nicht so geläufig wie heute. Mein Lehrer hatte Charisma, zeigte jedoch auch die anderen psychischen Merkmale einer narzisstischen Persönlichkeitsstörung. Er brauchte uns – seine Schüler – zur Stärkung seines Selbstbewusstseins und benutzte sozusagen unsere Energie, um sich lebendig und liebenswert zu fühlen. Mit Kritik konnte er nicht umgehen, war nicht fähig, sie anzunehmen oder sich mit ihr auseinanderzusetzen. Je länger ich ihn kannte, desto mehr zeigte sich mir, dass er nicht im Ansatz das lebte, was er in seinen Seminaren vermittelte. Es dauerte einige Jahre, bis ich sein psychisches Funktionieren und sein System, dass er sich mit seiner Schülerschaft aufbaute, durchschaute. Es kostete mich viele Tränen zu realisieren, wie sich der Narzissmus der Fähigkeit zum spirituellen Lehrer bediente. Die Trennung von ihm war für mich sehr schmerzlich, doch ich musste gehen, weil er nicht wirklich daran interessiert war, uns in die Unabhängigkeit zu führen, sondern vielmehr umgekehrt auf eine gewisse Hörigkeit unsererseits angewiesen war.

Für meinen persönlichen Reifungsprozess war die Erfahrung zu gehen im Nachhinein notwendig und sehr wertvoll, weil wir in einem kranken System den Buddha in uns selbst nicht finden können.

Festzustellen und zu realisieren, dass ein spirituel-ler Lehrer eine Persönlichkeitsstörung hat und seine Schüler braucht, kann eine sehr schmerzvolle Erfah-rung sein. Und gleichzeitig ist es ein großer Schritt auf dem persönlichen Weg, sich einer solchen Er-kenntnis zu stellen und dieses System zu verlassen.

Eine Robe macht noch lange keinen Heiligen

In einem Vortrag erzählte James Baraz, der Mitbegründer des amerikanischen Meditationszentrums Spirit Rock, einmal eine Geschichte, die mich zutiefst berührt hat:

Ein junger Amerikaner, Tim, kam während des Vietnamkrieges nach Thailand. Dort lernte er Ajahn Sudo kennen, einen jungen Mann, der als Novize in einem Waldkloster lebte und sich sehr strikt an alle Vorgaben des Abtes hielt. Bei der Befolgung der Regeln hatte er schon fast etwas Fanatisches. Immerzu sagte er: »Du musst dieses tun!«, »Du musst jenes lassen!«. Ajahn Sudo machte den jungen Tim mit dem Abt des Klosters, Ajahn Chah, bekannt. Tim war so fasziniert von der tiefen Weisheit dieses Mannes, dass er in das Kloster eintrat und als Mönch lebte.

Immer wieder begegnete Tim Ajahn Sudo, der in der Zwischenzeit das Kloster verlassen hatte. Er war dem Alkohol verfallen und lebte Tims Worten zufolge in der Gosse. Tim konnte die Entwicklung des ehemaligen Novizen nicht nachvollziehen. In Gedanken verurteilte er ihn und beschäftigte sich auch während der Meditation innerlich immer wieder mit ihm. Eines Tages ging er zu Ajahn Chah. Anstatt über sich selbst zu sprechen, äußerte er sich auf abfällige Weise über den Alkoholiker. Ajahn Chah fiel ihm jedoch ins Wort und sagte bestimmt: »Sag niemals wieder etwas Negatives über Ajahn Sudo! Vergiss nicht, dass er dich zu mir gebracht hat und dich mit dem Dharma, der buddhistischen Lehre, bekannt gemacht hat! Behandle ihn immer mit Respekt. Er ist und bleibt ein Lehrer.« Tim war zutiefst beeindruckt von der Reaktion seines Abtes.

Als er Ajahn Sudo das nächste Mal zufällig in der Stadt traf, sprach Tim ihn respektvoll an. Dabei sah er in den Augen des betrunkenen Mannes, dass ihn diese Ansprache zutiefst berührte. Wann immer Tim den Alkoholiker fortan in der Stadt traf, machte er sich bewusst, was Ajahn Sudo für ihn getan hatte, und behandelte ihn mit dem entsprechenden Respekt, bis Ajahn Sudo eines Tages von einem LKW überfahren wurde und an den Folgen des Unfalls starb. (Dharmaseed zum Nachhören: James Baraz, »Seeing everyone as your Benefactor«, 24/07/2014)

Diese Geschichte zeigt sehr schön, dass es gilt, den Menschen, die uns eine Richtung auf unserem Weg gewiesen haben, dafür dankbar zu sein und zu bleiben. Selbst dann, wenn sie uns später in unserem Leben enttäuscht haben und wir sie von dem Podest gestoßen haben, auf das wir sie selbst gestellt haben. Dass sie uns irgendwann enttäuscht haben, liegt davon abgesehen auch oft nicht an ihnen selbst, sondern an erhöhten Erwartungen und Projektionen unsererseits.

Das Kräftemessen dreier großer Meister

Im alten Kyoto lebten vor langer Zeit drei große Zenlehrer, die im Wettstreit miteinander lagen, wer von
ihnen der größte Meister sei. So kam es, dass sie sich
eines Tages vor den Toren des Steingartens, einem der
bekanntesten Zengärten Japans, trafen, um herauszufinden, wem der Titel des »größten Meisters« zustehe.

Alle drei kamen in ihren schönsten Roben, gefolgt
jeweils von einer großen Schar von Schülern und An-
hängern. Als sich alle versammelt hatten, tauchten drei
Kraniche auf. Der jüngste Zenmeister nahm seinen
Bogen, konzentrierte sich und ließ den Pfeil gezielt in
die Luft schnellen, wo er einen Kranich traf, der tot
vom Himmel fiel. Der zweitälteste Zenmeister legte seinen Bogen an, spannte ihn ohne Pfeil und einen kurzen Moment später stürzte der zweite Kranich tot zu
Boden. Ein Raunen der Bewunderung ging durch die
Menge. Als der älteste Zenmeister an der Reihe war,
richtete er nur seinen Blick auf den Kranich am Himmel und dieser fiel augenblicklich tot herab. Dieses
Mal war es Ehrfurcht, die sich in der Menge bemerk-
bar machte. Alle waren beeindruckt von dem alten
Zenmeister. Bislang hatte keiner gewusst, dass er so
große magische Kräfte besaß.

Ein paar Minuten später tauchte ein Mann auf. Er war schlicht gekleidet und sein Alter war schwer auszumachen. Wortlos ging er zu den drei Kranichen, die tot nebeneinander am Wegrand lagen. Er war so voller Mitgefühl für die Tiere, die aus reiner Machtgier der drei Meister ihr Leben lassen mussten, dass er sie augenblicklich wieder zum Leben erweckte. Danach zog er seines Weges und wurde nie wieder in dieser Region gesehen.

Irgendwann kommt jeder mit seinen eigenen Schattenseiten in Kontakt. Es kann eine bahnbrechende Erkenntnis sein, wenn wir feststellen, dass auch spirituelle Lehrer unschöne menschliche Züge aufweisen und untereinander rivalisieren, konkurrieren und ihre Macht innerhalb einer Gemeinschaft oder gegenüber Andersdenkenden ausspielen. Dass es all diese zutiefst menschlichen Verhaltensweisen eben auch bei Meistern und Gurus gibt wie auch in deren Gemeinschaften und zwischen diesen, sollten wir uns immer wieder vor Augen führen. Der Meister bildet den Mikrokosmos Mensch ab und die Gemeinschaft den Makrokosmos Welt. Und wenn wir – egal, ob als Lehrer oder Schüler – diese Charakterzüge an uns selbst feststellen, brauchen wir uns dafür nicht zu schämen, sondern wir sollten dankbar dafür sein, dass wir sie vor Augen geführt bekommen, denn das lässt uns vollständiger und bescheidener werden.

Fehler gehören dazu

Vor einiger Zeit hielt ich in einem Hotel einen Vortrag über Achtsamkeit und im Anschluss daran meditierten wir alle zusammen. Es herrschte eine entspannte und schöne Atmosphäre. Nach der Meditation kamen einige der Teilnehmer mit persönlichen Fragen zu mir. Es waren intensive Gespräche, die dazu führten, dass ich – als ich gemeinsam mit einem Teilnehmer den Raum verließ – mein Handy, das mir als Uhr gedient hatte, liegen ließ.

Als ich es ein paar Minuten später bemerkte, ging ich zurück in den Raum und kam auf dem Weg an einem Teilnehmer vorbei, der mir vor dem Vortrag lang und breit erzählt hatte, bei wie vielen Meistern er bereits gelernt hatte und wie viele Versenkungsstufen sie ihm bereits bestätigt hatten. Ich ging an ihm vorbei und sagte lachend: »Ich habe mein Handy liegen lassen.« Mit abfälliger Miene schaute er mich an und meinte: »So viel zum Thema Achtsamkeit!« Es war nicht sein Hinweis, dass ich unachtsam gewesen war, der mich verletzte, sondern die Art und Weise, wie er es gesagt hatte. Ich konnte förmlich sehen, wie er mich von dem Lehrerpodest gestoßen hatte, auf das er mich nur kurze Zeit vorher – nämlich über die Länge meines Vortrags und die anschließende Meditation hinweg – gestellt hatte. Ja, ich als Achtsamkeitslehrerin war einfach fehlbar! Dabei wollte ich es besonders gut machen!

Diesen Vorfall nahm ich mir selbst den ganzen Abend ziemlich übel. Doch viel mehr noch hatte mir die Kritik gezeigt, wie schnell auch ich dazu tendiere, mich selbst zu verurteilen, wenn ich Fehler während einer Meditationsanleitung oder eines Seminars mache. Hier hat Thich Nhat Hanh eine hilfreiche Empfehlung, die ich wahrscheinlich noch 1000-mal hören muss, bevor sie Wirklichkeit wird: »Die Übung der Achtsamkeit ist nichts anderes als die Übung der Zuneigung.«

Lange Zeit hatten mich Lebensläufe von Mystikern und Heiligen fasziniert. Allerdings lief ich durch sie immer wieder Gefahr, den spirituellen Weg zu ernst zu nehmen. Als ich dann im Laufe meiner langjährigen Tätigkeit als Journalistin viele spirituelle Lehrer kennenlernen durfte, Interviews mit ihnen führen konnte und sie dadurch in persönlichen Gesprächen etwas näher kennenlernte, realisierte ich, dass viele von ihnen sehr tiefe spirituelle Erfahrungen gemacht hatten, aber die meisten von ihnen weiterhin unter ihrer psychischen Labilität, Ängsten und tiefen Verletzungen litten, die ihnen irgendwann in ihrem Leben zugefügt worden waren. Auch hatten einige von ihnen große finanzielle Schwierigkeiten, körperliche Beschwerden oder hatten familiäre Schicksalsschläge erlebt. Dies alles zeigte mir, dass das Leben uns mit all seinen Herausforderungen trotz spiritueller Praxis nicht erspart bleibt. Sie kann uns im besten Fall darin unterstützen, dass wir an sehr schwierigen Situationen nicht zerbrechen, aber sie ist keine Garantie dafür, dass es uns immer gut gehen wird. Darum sollten wir in unserem Urteil auch nicht zu hart sein, wenn wir auf einen Lehrer treffen, der nicht unserem Ideal entspricht. Stattdessen sollten wir uns bewusst machen, dass er uns – wenn er keinen Missbrauch betreibt – dabei hilft, auf unserem spirituellen Weg ein Stück weiter voranzukommen.

Ganz oder gar nicht

Es war einmal ein Zenlehrer, der als junger Mann eine tief greifende spirituelle Erfahrung gemacht hatte, ausgelöst durch einen LSD-Trip. Dieser Trip hatte dazu geführt, dass er anfing zu meditieren. In der Folge wurde er zu einem sehr geschätzten Zenlehrer in Italien.

Eines Tages wollte ein buddhistisches Magazin eine Titelgeschichte über ihn schreiben. In dem Interview, das er mit dem Chefredakteur des Heftes führte, hatte er auf die Frage, wie er zur Meditation gekommen sei, von seiner LSD-Erfahrung erzählt. Der Chefredakteur wollte diese LSD-Erfahrung aber aus der Biografie des Mannes streichen, denn sie passte seiner Ansicht nach nicht in das Bild eines Zenlehrers. Deshalb schlug er vor, diese Frage im Druck auszulassen. »Nein!«, sagte der Zenlehrer bestimmt. »Diese Erfahrung ist Teil meiner Biografie und sie gehört zu mir. Entweder ihr nehmt mich mit ihr oder ihr nehmt mich überhaupt nicht!«, forderte er. »Dann nehmen wir dich gar nicht!«, antwortete der Chefredakteur und widmete die Titelgeschichte einem englischen Abt, der als junger Mann in Indien viel Haschisch geraucht hatte und damals auch in puncto Sex nichts anbrennen ließ. Allerdings hatte er diese Bereiche seiner Biografie nie geoutet.

Nicht umsonst gibt es Geschichten, in denen Menschen eine tiefe Transformation erlebt haben. Es sind Menschen, die vom Saulus zum Paulus geworden sind. Menschen, die einen Mord begangen, als Dieb gelebt oder andere Dinge im Verlauf ihres Lebens getan haben, die ethisch falsch waren. Meistens kamen sie erst durch die Folgen dieser Erfahrungen mit einer spirituellen Praxis in Kontakt oder hatten tief gehende spirituelle Erlebnisse. Und nur im Kontext wird dann auch ein solcher Transformationsprozess verständlich. Wenn wir aber nicht bereit sind, einen Menschen mit all seinen Facetten, Schattenseiten und Fehlern zu sehen, sondern nur seine Schokoladenseite betrachten, dann eröffnet sich ein falsches Bild. Lehrt uns der Buddhismus doch, wertfrei mit allem umzugehen und uns freizumachen von Kategorien wie Gut und Böse. Jeder Mensch hat seine Licht- und Schattenseiten. Und nur an und durch unsere Schattenseiten wachsen wir.

Das Gleiche gilt natürlich auch für den Buddhismus selbst! Den Buddhismus als eine ideale Religion zu betrachten wäre falsch. Auch in der Geschichte des Buddhismus gab – und gibt – es immer wieder Machtkämpfe, Missbrauch und Korruption. Schließlich wird auch der Buddhismus von Menschen gemacht und Menschen sind nicht perfekt. Sonst wären sie keine Menschen.

Mir begegnen immer wieder spirituelle Lehrer, die als junge Menschen mit psychoaktiven Substanzen tief greifende Erfahrungen gemacht haben. Oder solche, die auch heute immer wieder in einem schamanischen Kontext mit Heilpflanzen arbeiten und die dort gewonnenen Erfahrungen mit in ihre Meditation integrieren. Es heißt, dass es der Erleuchtung egal ist, wie man sie erlangt. Ob jemand eine tiefe Erfahrung mit oder ohne Drogen gemacht hat, spielt meines Erachtens eigentlich keine so große Rolle. Viel wichtiger ist, wie er diese Erfahrung hinterher in sein Leben integriert und dass er aus dem, was ihm die Erfahrung vermittelt hat, sei es eine bestimmte Meditationsform oder eine heilige Pflanze, keine Religion macht oder sie zum einzig wahren Mittel oder einzig gangbaren Weg erklärt.

Übung: Wie finde ich einen guten Lehrer?

Woran erkennen wir, dass ein Lehrer ein guter Lehrer ist, also integer ist und uns vertrauensvoll auf dem Weg zu uns selbst begleitet, anstatt uns für seine eigenen Belange zu benutzen? Sylvia Wetzel, eine buddhistische Meditationslehrerin, betont immer wieder, dass wir unseren Verstand nicht am Eingang des Meditationshauses abgeben sollen, sondern bei der Wahl unseres spirituellen Lehrers mindestens genauso sorgfältig vorgehen sollten wie bei der Wahl eines Hausarztes, einer Autowerkstatt oder eines Steuerberaters (siehe dazu: Yoga-aktuell, 19, 2/2003). Zwar gehen wir bei allen Beziehungen ein Risiko ein, aber wenn wir unseren gesunden Menschenverstand einsetzen und uns den spirituellen Lehrer und sein Umfeld ansehen, können wir bereits im Vorfeld erkennen, ob wir dieser Person vertrauen können und ob sie uns glaubwürdig erscheint. Dabei kann ein spiritueller Lehrer auch unvollkommen sein in dem Sinne, dass er nicht »erwacht« ist, d. h., dass er keine unmittelbare Erfahrung von Leerheit oder Gewahrsein hatte. Damit gemeint ist jenes Bewusstseinsfeld, das vollkommen klar und rein ist. Verglichen wird es auch gerne mit einem Spiegel.

Eine solche Erfahrung ist natürlich wünschenswert, aber auch nicht erwachte Lehrer können für einen Schüler ein strahlendes Licht auf dem Weg zur Erleuchtung sein. Ob ein spiritueller Lehrer erwacht ist, kann letztendlich nur ein Mensch beurteilen, der sich auf der gleichen Entwicklungsstufe befindet, da nur ein Buddha einen Buddha erkennt. Somit ist ein spirituell Suchender letztendlich in gewisser Weise immer auf seine eigene

Menschenkenntnis angewiesen und der erste Schritt auf dem spirituellen Weg ist somit der, dass man sein eigenes, gesundes Urteilsvermögen einsetzt.

Ein Lehrer oder Guru kann einem Schüler Impulse geben und in einem bestimmten Maße sicherlich auch Energieübertragungen vollziehen. Letztendlich ist die Quelle in jedem selbst. Entscheidend ist, dass ein guter Lehrer dem Schüler dabei behilflich ist, den eigenen Weg zu betreten und selbstverantwortlich den Buddha in sich zu finden.

In der heutigen Zeit wird der Markt überflutet mit Menschen, die sich als spirituelle Lehrer bezeichnen, ihre Ausbildungen aber irgendwo im Schnellverfahren gemacht haben. Es gibt einige Kriterien, die Sie bei der Auswahl eines Lehrers unterstützen können, und einige Fragen, die Sie sich kritisch beantworten sollten:

- Achten Sie immer auf Ihr Bauchgefühl und auf Ihren gesunden Menschenverstand.
- Fragen Sie, über wie viel persönliche Erfahrung der Lehrer verfügt.
- Wie ist er ausgebildet?
- Ist er angebunden an eine Tradition oder eine Schule oder besser noch an einen eigenen Lehrer?
- Wie geht der Lehrer mit seinen Schülern um? Sind Abhängigkeiten zu erkennen?
- Wie viel Bewunderung braucht der Lehrer?
- Wie kann er mit Kritik umgehen?
- Erscheint er Ihnen als Mensch integer?

Menschliche Schwächen und die Motivation der spirituellen Suche

Meistens haben wir vieles,
worüber wir uns ärgern,
aber nicht vieles,
worüber wir uns freuen.
AYYA KHEMA

Der diebische Schüler

Eine Sangha, wie man eine buddhistische Gemeinschaft nennt, traf sich einmal im Jahr für ein längeres Retreat in einem Seminarzentrum. Bei einer dieser Zusammenkünfte wurde einer der Teilnehmer beim Stehlen erwischt. Der Vorfall wurde dem Zenlehrer vorgetragen, mit der Bitte, den Täter aus der Sangha auszuschließen. Der Lehrer lehnte das Ansinnen jedoch mit folgenden Worten von Tschuang Tse ab: »Euer Ideal ist himmlisch, während meines nur menschlich ist.« Und fuhr fort: »Höflichkeit besteht darin, das Starke und das Schwache ständig miteinander in Einklang zu bringen. Dieses Mal seid ihr stark und der Dieb schwach.« Danach schloss er den Vortrag, indem er an das Mitgefühl seiner Schüler appellierte. Den Dieb erwähnte er in seinem Vortrag nicht und stellte ihn auch nicht zur Rede.

Bereits wenige Tage später wurde der Dieb erneut beim Stehlen überrascht. Und auch dieses Mal lehnte der Zenlehrer die Forderung seiner Schüler ab, den Dieb umgehend aus der Gemeinschaft auszuschließen. Dieses Mal zitierte er den Dalai Lama: »Es ist sehr schwierig, Frieden und Harmonie durch Hass zu erlangen.« Wieder nutzte er die Gelegenheit, um an das Mitgefühl der Anwesenden zu appellieren. Seinen Vortrag schloss er mit einem Zitat aus dem Dhammapada: »Die Fehler der anderen siehst du mühelos, doch deine eigenen Fehler siehst du nur schwer.«

Als der junge Mann ein drittes Mal auf frischer Tat ertappt wurde und der Zenlehrer wieder ablehnte, den Dieb auszuschließen, verfassten die anderen Teilnehmer ein Schreiben, in dem sie ihren Lehrer erneut aufforderten, den Übeltäter der Gemeinschaft zu verweisen. Würde er dem nicht nachkommen, würden sie das Retreat vorzeitig beenden und abreisen. Nun ließ der Zenlehrer alle Teilnehmer zusammenkommen und sprach zu ihnen: »Es freut mich zu sehen, wie viel ihr in den letzten Jahren bei mir gelernt habt. Ihr wisst, was richtig und was falsch ist. Deshalb könnt ihr gerne frühzeitig abreisen. Dieser junge Mann aber kennt den Unterschied zwischen richtigem und falschem Handeln anscheinend noch nicht. Darum ist es wichtig, dass ich ihn unterweise, denn wer wird dies tun, wenn nicht ich? Selbst wenn ihr alle geht, ich werde ihn nicht wegschicken!« Mit diesen Worten beendete der Lehrer den Vortrag und gab seinen Schülern mit einem deutlichen Gesichtsausdruck zu verstehen, dass seine Entscheidung unwiderruflich gefällt war. Als der Dieb diese Worte hörte, war sein Drang zu stehlen mit einem Mal erloschen.

Im Buddhismus wird Ablehnung neben Gier und Unwissenheit als eine der drei Geistesgifte betrachtet. Giftig sind sie deshalb, weil sie uns auf allen Ebenen schaden. Abneigung macht uns blind für das, was

*ist. In der Geschichte sind die Schüler darauf fixiert,
das Fehlverhalten des anderen – das Stehlen – zu be-
strafen. Sie vergessen in ihrer Ablehnung des Täters
ihre möglichen eigenen und in ihnen schlummernden
Makel oder Fehler. Es gilt anzunehmen, was man ablehnen möchte.*

Die Schokolade

Am dritten Tag eines Retreats suchte ein Schüler seinen Lehrer für ein persönliches Gespräch auf. Er sagte ihm: »Seitdem ich hier im Retreat bin, esse ich jeden Tag eine ganze Tafel Schokolade. Mir ist es nicht möglich, meine eigene Gier zu bändigen. Das Prinzip des Mittleren Weges ist für mich nicht möglich. Bitte gib mir einen Rat!« Sein Meister schaute ihn voller Mitgefühl an und sagte: »Komm bitte morgen Abend noch einmal zu mir. Dann sprechen wir weiter.«

Am nächsten Abend kam der Schüler wieder zum Meister. »Auch heute habe ich wieder eine ganze Tafel gegessen«, sagte er, »dafür hasse ich mich!« Der Meister legte seinen Arm um die Schulter des Schülers und sagte: »Sei gnädig mit dir selbst! Gönne dir ab und zu eine ganze Tafel Schokolade und genieße sie. Und in der restlichen Zeit versuche, es bei einem Stück Schokolade zu belassen und dir dieses auf der Zunge zergehen zu lassen. Ohne Schuldgefühle!« Der Schüler schaute seinen Meister erstaunt an: »Warum hast du mir diesen Tipp nicht schon gestern gegeben?« »Gestern«, antwortete der Meister, »hätte ich es nicht aus voller Überzeugung sagen können!«

Diese Geschichte machte mir deutlich, dass einzig ein liebevoller Umgang mit unseren Schwächen Ablehnung aufzulösen vermag. Sehr berührend ist dieser Lehrer – hier allzu menschlich dargestellt –, der noch einmal in sich geht, um dem Schüler den rechten Weg zu weisen. Dies zeigt, dass es nicht darum geht, theoretische Heiligkeiten zu predigen oder dogmatische Vorgaben zu machen. Entstehen soll ein vertrauensvoller Raum, in dem alles sein darf.

Das Haus auf dem Berg

Vor einigen Jahren war ich auf einem Meditationsretreat. Es wurde von einem renommierten buddhistischen Lehrer geleitet. Es war ein Schweigeretreat und wir waren aufgefordert, ganz bei uns zu bleiben. Trotzdem entwickelten sich wie bei jedem Retreat im Laufe der Zeit für manche Menschen Sympathien, für andere Ablehnungen. Einer der Teilnehmer war ein gut aussehender Mann, vielleicht Anfang 40. In den angeleiteten Metta-Meditationen saß er oft da und weinte. Immer und immer wieder wirkte er tief berührt. Nachdem das Retreat zu Ende war, kam er mir noch ein paarmal in den Sinn. Es waren seine Tränen, die mir nachhaltig in Erinnerung blieben. Besonders intensiv dachte ich an ihn, als ich ein Buch von Jack Kornfield über den spirituellen Weg las. An einer Stelle schrieb er sinngemäß: »Solange wir auf dem Meditationskissen noch nicht richtig geweint haben, haben wir mit unserer spirituellen Praxis noch nicht begonnen.« Mir selbst war dies bisher noch nicht passiert und so kam ich ins Grübeln darüber, ob mir jener Mann in seiner Praxis bereits einen großen Schritt voraus sein könnte.

Drei Jahre später, als der renommierte Meditationslehrer wieder nach Europa kam, fuhr ich ein weiteres

Mal zu seinem Retreat, um in Stille acht Tage mit ihm zu meditieren. Ich freute mich sehr, als ich dort jenen Mann wiedersah. Zufällig saßen wir am ersten Abend gemeinsam beim Essen. Er tauschte sich lebhaft mit einer älteren Dame aus, die ebenfalls beim ersten Retreat dabei gewesen war. Beide wirkten vermögend, weil sie die Jahre zwischen den Retreats scheinbar viele Seminare besucht hatten und – wie sich herausstellte – lange Aufenthalte in Klöstern in Thailand und Burma hinter sich hatten. Irgendwann fragte mich der Mann, ob ich in der Zwischenzeit ebenfalls weitere Retreats besucht hätte. Ich verneinte die Frage und erntete dafür einen enttäuschten Blick. Unser Gespräch schien hier – kaum angefangen – schon wieder zu enden.

Ich fragte ihn, ob ich ihm eine Geschichte erzählen dürfe, die mich zu dem Zeitpunkt sehr beschäftigte. Er nickte bejahend und wandte sich mir nun mit seiner ganzen Aufmerksamkeit zu. »Es gab einmal einen Mann, der viele Retreats besuchte. Einige in Europa, einige in Amerika, einige in Asien. Eines Tages, als er wieder besonders intensiv auf der Suche war, kam er an einem Berg vorbei. Ein Schild zeigte in Richtung Berggipfel, auf dem ein wunderschönes Haus stand. Es glich einem Meditationszentrum und der Mann fühlte sich magisch angezogen und eilte mit entschlossenen und schnellen Schritten den Berg hinauf. Als er oben angekommen war, stand auf dem Türschild: ›Hier wohnt Gott. Du brauchst nur zu läuten. Dann wird dir geöffnet und deine ganze spirituelle Suche, dein Bitten und Flehen hat ein Ende.‹

Der Suchende freute sich riesig, hatte schon die Hand gehoben und war gerade im Begriff, auf die Klingel zu drücken, als es ihm durch den Kopf schoss: Wenn er jetzt von allem befreit würde und sein spirituelles Suchen ein Ende hätte, dann wären ja auch die ganzen schönen Begegnungen mit all den anderen Suchenden zu Ende. Ganz davon abgesehen müsste er dann auch für sein Denken und Handeln vollkommene Verantwortung übernehmen. Wollte er das wirklich? Wollte er wirklich jetzt schon dem Buddha in sich begegnen und nur noch sich selbst vertrauen, statt immer wieder einen Guru zu suchen, auf dessen Lebensempfehlungen er sich bislang doch viel lieber verlassen hatte als auf sein eigenes Gespür, die eigene Weisheit und den eigenen gesunden Menschenverstand? Eigentlich, so dachte er weiter, fühlte er sich so doch ganz wohl … Plötzlich bekam er einen Schreck, weil er fürchtete, dass jemand seine Anwesenheit bemerkt hatte und ihm die Tür öffnen wolle und es dann kein Zurück mehr geben würde. Ganz leise zog er seine Schuhe aus, nahm sie in die Hand und schlich den Pfad, auf dem er aufgestiegen war, wieder hinunter ins Tal. Dort zog er seine Schuhe wieder an und freute sich, dass ihn niemand gesehen hatte.«

Als ich die Geschichte fertig erzählt hatte, schaute mich mein Tischnachbar an und lachte laut und wissend. Dann aß er schweigend weiter. Ein paar Momente später sprach seine Nachbarin ihn wieder an und fragte ihn, welches Kloster in Asien er ihr für einen mehrwöchigen Aufenthalt empfehlen könne, und es dauerte nicht lange, da waren die beiden wieder in ein Gespräch über die besten Meditationszentren vertieft.

Wir sollten uns auf unserem spirituellen Weg von Zeit zu Zeit fragen, welche Motivation es ist, die uns in ein Meditationsretreat führt, die uns bei einem spirituellen Lehrer bleiben lässt. Wenn wir in einer spirituellen Gemeinschaft sind, weil wir nicht allein sein können oder nach neuen Freunden, einem neuen Lebenspartner Ausschau halten, sollten wir uns fragen, ob dies die richtige Motivation für eine spirituelle Praxis ist. Geht es doch auf dem spirituellen Weg darum, dass wir Vertrauen in uns selbst finden, dass wir den Blick nach innen richten und uns – im Sinne des Buddha – selbst ein Licht sind.

Erwachsen werden

Vor einigen Jahren begegnete mir im Urlaub eine Frau, die erfolgreich als Managerin in der Schweiz arbeitete. Wir verbrachten eine Woche in der gleichen Ferienanlage und unterhielten uns des Öfteren. Sie erzählte mir, dass sie viele Jahre lang eine Psychoanalyse gemacht hatte. Auf Drängen der Psychotherapeutin hatte sie schließlich die Therapie beendet. Kurz darauf war sie einer buddhistischen Lehrerin begegnet, deren Schülerin sie mittlerweile seit vielen Jahren war. In jedem unserer Gespräche sprach sie von ihr und zwischendurch kam es mir vor, als würden wir zu dritt am Swimmingpool sitzen. Immer wieder äußerte sie »Roshi sagt dies …« oder »Roshi sagt das …«.

Im Lauf der Woche stellte sich heraus, dass jene Managerin eine große Sehnsucht nach einer Liebesbeziehung hatte. Eines Tages offenbarte sie mir etwas verlegen, dass ihre letzte Beziehung zu einem Mann bereits 15 Jahre zurücklag. »Vielleicht musst du auch deine spirituelle Lehrerin hinter dir lassen, damit überhaupt Platz ist für einen Partner?«, sprach ich meine Gedanken laut aus, worauf die Managerin den Kopf verneinend schüttelte. Ich las ihr eine Stelle aus dem Majjihima Nikaya vor, auf die ich zufälligerweise an dem

Tag gestoßen war: »Die meisten Menschen sehen die Wirklichkeit nicht so, wie sie ist, weil sie sich diese anders wünschen. Sie haften an. Sie hängen sich an materielle Objekte, Freunde oder die Dinge der Welt. Dieses Anhaften ist die Quelle des Leids.« Nicht, dass ich in manchen Beziehungen weniger anhaftete, aber gleichzeitig hatte ich das Gefühl, dass ihr die Fixierung auf ihre Lehrerin die Basis für eine Liebesbeziehung nahm.

Die 45-Jährige kräuselte die Stirn und ich konnte sehen, dass ihr der Gedanke, sich von ihrer Lehrerin zu lösen, nicht sonderlich gefiel. »Ja, ja, ich weiß. Aber so weit bin ich wohl noch nicht. Ich glaube, ich muss erst noch einiges von Roshi lernen«, antwortete sie abschließend und gönnte sich ein erfrischendes Bad im Swimmingpool.

Erst wenn wir unsere spirituellen Eltern hinter uns lassen, beginnt eine Spiritualität auf einer reiferen Ebene. Denn dann versuchen wir nicht mehr, die Liebe eines Meisters oder einer Meisterin zu erlangen, zu gefallen oder besonders gute Schüler zu sein. Dann lassen wir von all den Erwartungen und Wünschen los, das von einem spirituellen Lehrer zu bekommen, was unsere Eltern nicht in der Lage waren uns zu geben. Dann machen wir uns unserer selbst wegen auf den Weg. Das heißt nicht, dass wir dann keinen Lehrer mehr brauchen, aber dann wird die spirituelle Praxis eine andere sein und der spirituelle Lehrer wird für uns nicht mehr diese elterliche Pro-

jektionsfläche sein, sondern er wird für uns zu einem Spiegel, der uns den Weg zu unserem eigenen Wesenskern zeigt. Jenem Wesen, das frei ist von Biografie, Geschlecht und Kultur.

Wenn Welten aufeinanderprallen

Eine gute Freundin von mir aus England ist mit einem der ranghöchsten Lamas der Bön-Tradition befreundet. Einmal hatte sie ihn für mehrere Wochen in ihr Haus eingeladen, wo er im Zuge seines Aufenthalts einen Vortrag über die Bön-Religion hielt. Bön war die vorherrschende Religion Tibets, bevor der Buddhismus im 8. Jahrhundert dorthin gelangte.

Für den Vortrag, der im Wohnzimmer meiner Freundin stattfand, hatten sich so viele Menschen angemeldet, dass sie den Raum vollkommen leer geräumt hatte, damit alle Platz auf dem Boden finden würden. Bereits eine Stunde vor Beginn war der Raum brechend voll. Ich war zu spät gekommen und der einzige Platz, der noch frei war, befand sich auf einem großen Fensterbrett. Dieser Ort schien mir – jung, wie ich damals war – ideal, um Lopen gut beobachten zu können. Ich saß etwas erhöht und schaute so direkt auf das kleine Podest hinunter, auf dem der Lama für seinen Vortrag Platz genommen hatte. Als er seine Rede beendet hatte, konnten wir ihm noch Fragen stellen. Ich war eine von vielen, die mehr über seine Religion erfahren wollten. Als ich ihn ansprach, schaute er die ganze Zeit verlegen zu Boden. Diese Reaktion verwunderte mich, weil er den anderen Zuhörern, die ihm Fragen stellten, gegenüber sehr offen gewirkt und ihnen direkt in die Augen geschaut hatte. Auch als er meine Frage beantwortete, vermied er es, mich direkt anzusehen.

Als alle Fragen beantwortet waren, kam ein Bön-Kenner auf mich zu. Höflich erklärte er mir, dass ich einen Fauxpas begangen hatte, und zwar dadurch, dass ich durch meinen Platz auf dem Fensterbrett höher gesessen hatte als Lopen auf seinem Podest. Entsprechend seiner Tradition hätte ich – der richtigen Rangordnung folgend – niedriger sitzen müssen als er. Mein unwissentlich begangenes Fehlverhalten war mir zutiefst peinlich. Es zeigte mir, wie groß die Kluft zwischen den Kulturen ist und wie viel Wissen es braucht, um sich angemessen zu verhalten. In dem Moment überkamen mich auch Zweifel, ob ein spiritueller Lehrer aus einem anderen kulturellen Kontext überhaupt der richtige Mensch sein könne, um mich zu unterrichten. Würde er in der Lage sein, die komplexe Lehre des Bön- oder tibetischen Buddhismus auf die Alltagssorgen von einem jungen Menschen aus dem Westen zu übertragen? Und das, wo er den Großteil seines Lebens hinter Klostermauern verbracht hatte? An diesem Tag wurde mir bewusst, dass wir zwar auf einer tiefen Ebene alle eins sind, wir aber als Menschen mit Grenzen konfrontiert werden.

Lopen blieb mir aber auch noch in einer anderen Beziehung nachhaltig in Erinnerung. Meine Freundin hatte ihn im Gästezimmer des Hauses untergebracht. Dort hatte sich – ihrer Erzählung nach – Anfang des

20. Jahrhunderts ein Mann erhängt. Sie hatte mir dieses Ereignis beschrieben, nachdem ich mich einmal geweigert hatte, in diesem Raum zu schlafen, weil für mich dort eine negative Energie spürbar gewesen war, in deren Gegenwart ich Angst hatte, weil ich sie nicht einordnen konnte. Zum Glück besaß meine Freundin noch ein weiteres Zimmer, in dem mein Schlaf tief und gut war.

Zwei Tage nachdem Lopen abgereist war, betrat ich das Zimmer, um etwas zu holen. Jetzt war die Energie in diesem Raum eine vollkommen andere. Der Lama hatte dort viele Stunden am Tag gesessen und – wie es mir schien und wie ich es nach meinem europäischen Verständnis ausdrücken würde – die Seele des Selbstmörders befreit. Der Raum wirkte auf mich, als wäre er frisch gesäubert worden. Die Luft war klar und die Energie rein. Auch wenn Lopen für mich persönlich als Lehrer nicht infrage kam, so zeigte mir diese Qualität doch, wie viel man durch Meditation verändern kann. Seit dieser Zeit schlafe ich in dem Gästezimmer tief und gut – so, als wäre dort nie etwas vorgefallen.

Der Dalai Lama betont immer wieder, dass die Menschen im Westen sich zuerst einmal intensiv mit ihrer eigenen Religion, ihren eigenen Wurzeln und Riten beschäftigen sollen, bevor sie Zuflucht bei Buddha suchen. Die Vorstellung, dass im Buddhismus alles besser und leichter ist, ist ein großer Stolperstein auf dem spirituellen Weg. Oft sind uns die vielen Regeln und Hierarchien des Buddhismus nicht bewusst.

Dann ist es eher die Exotik und ein verklärter Blick auf das Fremde, das uns anzieht. Das Erwachen aus dieser Verklärung kann schmerzvoll und frustrierend sein. Letztendlich korrigiert die Realität unsere Vorstellung davon, wie »unser Meister« beschaffen sein muss, damit er unser Meister werden kann. Projektionen können durch die unmittelbare Begegnung – und ihre Begleiterscheinungen – fallen.

Übung: Die eigene Motivation überprüfen

Wenn wir auf dem spirituellen Weg sind, ist es gut, von Zeit zu Zeit zu überprüfen, was genau der Beweggrund ist, der uns veranlasst, eine spirituelle Praxis auszuüben oder einem bestimmten Lehrer zu folgen.

Wenn wir wirklich ernsthaft auf der Suche sind, sollten wir niemals vergessen, dass jeder spirituelle Weg und jeder spirituelle Lehrer immer nur ein Werkzeug ist, das uns dazu dient, zu uns selbst zu finden. Mehr als ein Mittel zum Zweck sollte es nicht werden. Wenn sich dies jedoch ändert, dann ist es an der Zeit, uns wieder neu auszurichten und den Blick nach innen zu wenden. Denn nur dann, wenn wir wirklich konsequent vor Augen haben, dass wir mehr und mehr zu uns selbst finden möchten, mehr und mehr unser eigenes, wirkliches Potenzial verwirklichen möchten, dann werden wir langfristig auf unserem Weg vorankommen.

Stellen Sie sich immer wieder folgende Fragen:
- Welche Rolle spielt Ihr spiritueller Lehrer für Sie?
- Wie wichtig ist die Gemeinschaft für Sie?
- Was geben sie Ihnen, was Sie sich selbst auf Ihrem spirituellen Weg nicht geben können?
- Was bräuchten Sie, um zu sehen, dass Sie selbst einen Lehrer in sich tragen, der alle Antworten kennt, der Ihnen die vollkommene Liebe, die bedingungslose Wertschätzung geben kann?
- Überlegen Sie sich, welche Praxis Sie darin unterstützen würde, vollkommenen Frieden und vollkommenes Glück in sich selbst zu finden – unabhängig von anderen Menschen.

Das Festhalten am Leid und an negativen Einstellungen

Der Schüler ging zum Meister und fragte ihn:
»Wie kann ich mich von dem,
was mich an die Vergangenheit heftet, lösen?«
Da stand der Meister auf, ging zu
einem Baumstumpf, umklammerte ihn
und jammerte: »Was kann ich tun,
damit dieser Baum mich loslässt?«
BUDDHISTISCHE WEISHEIT

Am Leid hängen

In einem meiner Achtsamkeitsseminare war einmal eine Frau, die in der Vorstellungsrunde erklärte, dass sie keine Zeit dafür finde, im Alltag Achtsamkeit zu praktizieren. Ich versuchte, ihr zu vermitteln, wie gut sich Achtsamkeit in den Alltag integrieren lässt und dass man dadurch viel gewinnt und das Leben nicht nur um vieles leichter, sondern auch schöner wird. Auf alle Empfehlungen antwortete die Frau mit »Ja, aber ...!«, sodass ich alsbald realisierte, dass sie nicht wirklich daran interessiert war, ihr Leid aufzulösen. Als ich sie in der Pause beobachtete, war sie damit beschäftigt, den anderen Teilnehmern noch einmal ausführlich ihr Leid zu klagen. Da fiel mir folgende Geschichte ein:

Einst lebten zwei Mönche zusammen in einem Kloster. Sie verstanden sich sehr gut und versprachen einander, am gleichen Ort wiedergeboren zu werden. Der eine Mönch wurde in einem Kloster wiedergeboren und genoss sein Leben. Überall hielt er Ausschau nach seinem Freund, konnte ihn aber nicht finden. Er machte sich auf und suchte ihn im Reich der Tiere. Er entdeckte ihn nicht unter den Elefanten, Pumas, Affen. Er suchte weiter und schließlich fand er ihn. Er lebte als Wurm in einem Misthaufen! »Hallo, mein Freund!«, rief er ihm zu. »Was machst du denn hier als Wurm im Misthaufen?« »Ich lebe hier und fühle mich wohl!«, antwortete der andere. Sein Freund zog ihn mit der Hand aus dem Misthaufen und sagte ihm: »Komm, ich nehme dich mit an einen Ort, an dem du nicht leiden musst. Dort ist das Leben leicht und schön.« Der Wurm befreite sich aus der Hand und vergrub sich schnell wieder im Misthaufen. Darauf zog ihn sein Freund erneut heraus und sagte: »Hör auf, im Mist zu wühlen!« Der Wurm aber wollte nicht auf ihn hören. Er fühlte sich wohl dort, wo er war. 108-mal probierte der Freund, ihn zu überreden, sich das Leben leicht zu machen, im Kloster zu leben und dort zu meditieren, um weiterhin gute Voraussetzungen für die Erleuchtung zu schaffen. Der Wurm aber zog sich immer tiefer in den Misthaufen zurück und wühlte sich so durch den Dreck.

Manchmal sind wir so mit unserem Leid beschäftigt, dass es uns schwerfällt, Hilfe zur Lösung der Situation anzunehmen. Der Weg, die Ablehnung zu überwinden, beginnt mit einer inneren Öffnung dafür in uns; dann erst sind wir bereit, unser Anhaften ans Leid als solches wahrzunehmen, und können beginnen, uns von ihm zu lösen.

Der Novize und der alte Mönch

Eines Tages musste der Abt eines Klosters in den Süden Indiens reisen, um dort einen Vortrag darüber zu halten, wie wichtig es ist, nicht an Dingen, Zuständen und Gefühlen festzuhalten, anzuhaften. Der Abt nahm einen jungen Novizen mit auf die Reise. Die beiden fuhren mit dem Nachtzug, als der Abt im Schlaf anfing zu reden: »Ach, ich bin durstig!« Der Novize konnte nicht schlafen, weil der Abt diesen Satz rezitierte wie ein Mantra. Daraufhin ging der Novize durch den ganzen Zug bis zum Speisewagen, kaufte dem Mönch dort zwei Tassen Tee und ging zurück in das Schlafwagenabteil. Er weckte den Abt: »Hier, trink den Tee, dann müsste dein Durst gelöscht sein.« »Danke«, sagte der Abt voller Freude und trank den Tee. Daraufhin legten sich beide wieder zum Schlafen hin. Kurz darauf hörte der Novize, wie der Abt im Schlaf anfing zu reden: »Ach, war ich durstig. Ach, war ich durstig.«

Es dauert, bis es uns tatsächlich gelingt, nicht mehr an einem Gefühl des Mangels anzuhaften. Häufig tragen wir die immer gleichen Gedanken und Verhaltensweisen mit uns herum, ohne sie überhaupt zu bemerken: Wir glauben, zu wenig zu haben, nicht gut ge-

nug zu sein oder etwas nicht verdient zu haben. Wenn wir unseren Blick nicht mehr auf den Mangel richten, dann werden wir die positiven Anteile wie Weisheit, Liebesfähigkeit, Großzügigkeit, Mitgefühl und – noch weiter gefasst – den Buddha in uns erkennen.

Negative Glaubenssätze folgen uns gerne so wie unser eigener Schatten an einem sonnigen Tag. Meistens ist es ein uralter Glaubenssatz, der festsitzt und sich nicht lockern will. Hier können wir uns an Buddha orientieren und versuchen, es ihm gleichzutun, uns von ihm dahingehend inspirieren zu lassen, es mit unseren alten, eingefahrenen Glaubensmustern aufzunehmen. Er motiviert uns, hinzuschauen auf die ewig gleichen Krisen in unseren Beziehungen, die uns Runde um Runde im Hamsterrad unseres ruhelosen Geistes gefangen halten, wenn wir uns streiten. Er ermutigt uns auch, überholte Konzepte, innere Haltungen und eingefahrene Verhaltensweisen zu verändern. Er lehrt uns, dass gute Vorsätze allein nicht ausreichen, sondern dass wir uns auf einer tiefer liegenden Ebene mit ihnen auseinandersetzen müssen. Nur so können wir sie bei der Wurzel zu fassen bekommen. »Das Glück ist leichter als eine Feder und niemand versteht, es zu ergreifen. Das Unglück ist schwerer als die Erde und niemand versteht, es loszulassen«, schreibt Tschuang Tse, der träumte, ein Schmetterling zu sein. Wenn wir erkennen, dass wir uns von unseren leidvollen Gedanken lösen können, werden wir frei und können dem Buddha in uns begegnen – und ihm vertrauen.

Das Ziel einer erfolgreichen Praxis

Ein Schüler wollte einmal von seinem Meister wissen, was das Geheimnis einer erfolgreichen spirituellen Praxis sei. Der Meister antwortete ihm mit folgenden Worten: »Mach jeden Tag einen Menschen glücklich!« Dann hielt er einen Moment inne und fügte einen weiteren Gedanken hinzu: »Selbst wenn dieser Mensch du selbst bist.« Er wartete einen Moment und sagte abschließend: »Vor allem, wenn dieser Mensch du selbst bist.«

Buddhistische Lehrer wie der Dalai Lama sind immer wieder erstaunt darüber, mit welchem Selbsthass und mit welcher Härte westliche Schüler sich selbst begegnen. Wir haben das Gefühl, nicht gut genug zu sein für das, was tatsächlich in uns ist. Angesichts dieser eigenen Ablehnung ist es nicht verwunderlich, dass es uns so schwer fällt, Zugang zu unserer Weisheit und dem Buddha in uns zu finden. Wenn es uns gelingt, uns selbst gegenüber nur halb so viel Respekt, Anerkennung und Hochachtung zu entwickeln, wie wir es oft einem Lama, Rinpoche oder spirituellen Lehrer gegenüber tun, dann kommen wir uns selbst – und dem sinnbildlich gesprochen großen Juwel in uns – ein großes Stück näher.

Übung: Das Leid überwinden

Weil wir häufig unbewusst am Leid festhalten, ist es wichtig, sich der eigenen Mechanismen bewusst zu werden. Denn erst wenn wir die Ablehnung in uns selbst erkennen, sind wir in der Lage, inneren Frieden zu finden. Erst dann werden wir merken, dass es gar nicht darauf ankommt, äußere Dinge zu verändern, sondern in uns selbst zur Ruhe zu kommen.

Die folgende Übung kann Ihnen dabei helfen, sich Ihrer eigenen Mechanismen hinsichtlich des Ablehnens oder des Anhaftens bewusster zu werden.

- Wenn Sie jemanden ablehnen, dann macht dieser Jemand Sie meistens auf etwas aufmerksam, das Sie selbst sind oder haben, aber nicht wahrhaben wollen. Schauen Sie genau hin.
- Versuchen Sie, an den Menschen oder Dingen, die Sie ablehnen, irgendetwas Positives zu finden. Dies ist immer möglich. Sie müssen nur wollen.
- »Wer loslässt, hat beide Hände frei!« Lassen Sie Dinge, Meinungen und Menschen los, an denen Sie hängen. Wahre Erfüllung können Sie nur in sich selbst finden.
- Wenn wir sterben, können wir nichts mitnehmen. Machen Sie sich dies bewusst, das hilft Ihnen, nicht so sehr an Dingen zu hängen.

Die Ungeduld bezähmen

Denke daran, dass etwas,
was du nicht bekommst,
manchmal eine wunderbare Fügung
des Schicksals sein kann.
DALAI LAMA

Eine schwierige Aufgabe

»Meister«, fragte ein Schüler seinen Lehrer, »wie kann ich baldmöglichst Erleuchtung erlangen?« Der Meister antwortete: »Komm morgen früh hierher, dann bekommst du eine Aufgabe, die dir zeigt, wie du es schaffen kannst.« Am kommenden Morgen kam der Schüler zur verabredeten Stelle und der Meister übergab ihm einen kleinen Korb, der fest verschlossen war. »Bring diesen Korb zu dem Lama, der auf der anderen Seite des Flusses auf dem Gipfel des Berges lebt.« Und dann zitierte er seinen eigenen Meister: »Denke daran, die Reise Schritt für Schritt und in jedem einzelnen Augenblick ganz bewusst zu gehen. Es gibt keine Abkürzungen.«

Der Schüler nickte zustimmend, nahm den Korb entgegen und machte sich auf den Weg. Nach ein paar Stunden wurde ihm langweilig und es war offensichtlich, dass er noch den ganzen Tag würde gehen müssen, um sein Ziel zu erreichen. Da öffnete er den Korb und eine kleine Maus sprang heraus und lief fort. Der Schüler verschloss den Korb wieder und ging weiter. Als er sein Ziel erreicht hatte, übergab er ihn dem Lama. Als dieser hineinsah und bemerkte, dass er leer war, meinte er: »Wie willst du Erleuchtung erlangen, wenn du nicht einmal in der Lage bist, auf eine kleine Maus aufzupassen?«

Unsere Ungeduld ist wohl das, was uns auf dem Weg zur Erleuchtung oder bei unserem Wunsch zu erwachen am meisten behindert. Sie gehört zum Weg und führt nicht zum Ziel, wie die Geschichte zeigt. Meister Taisen Deshimaru beschreibt dies folgendermaßen: »Die Verrichtungen des Alltags wie das Aufwachen, die Toilette oder das Entzünden des Weihrauchs scheinen auf den ersten Blick nicht sehr wichtig zu sein und doch umfassen sie den gesamten Kosmos.« Und nur dann, wenn wir das gesamte Universum in ihnen erkennen, erwachen wir. Wenn wir uns jedem Moment mit Achtsamkeit und einem offenen Herzen für uns selbst und andere Menschen stellen, kommen wir auf unserem spirituellen Weg schneller voran, als wenn wir auf eine einmalige große Erleuchtung hoffen.

Vertrauen entwickeln

Es passierte in einer Nacht im April 2011, jener Zeit, als es in Fukushima zur Atomkatastrophe gekommen war. Ich wachte auf und alles, was ich sah, war Schnee vor den Augen. Ich hatte so etwas wie einen visuellen Tinnitus.

Da das Symptom nicht wegging, waren die folgenden Wochen und Monate geprägt von Ängsten rund um meinen Kopf und meinen Körper. Die Diagnose lautete: Vordergründige Überreizung des Gehirns mit einer Angststörung als Ursache. Mit jenem nächtlichen Erwachen änderte sich mein Leben und damit auch meine Einstellung gegenüber mir selbst und der Art und Weise, wie ich die letzten Jahre gelebt hatte. Mir wurde bewusst, wie wertvoll Gesundheit ist und wie unwichtig alles andere wird, wenn der eigene Körper nicht mehr tadellos arbeitet.

Bis zu dieser Nacht im April hatte ich eigentlich immer das Gefühl gehabt, ein normales und sehr erfülltes Leben zu führen, weil mir meine Arbeit sehr, sehr viel Freude bereitete. Ich war der Meinung, privilegiert zu sein, und fand mein Leben eigentlich schön. Eigentlich. Und trotzdem hatte ich in den letzten Jahren immer mehr das Gefühl, dass mir etwas Wesentliches fehlte:

Ich hatte keine Zeit mehr. Sosehr ich mich auch bemühte, ich hatte immer weniger Zeit für das, was ich mir vornahm, und noch schlimmer: für das, was mich in meinem Innersten interessierte und bewegte. Ich war ständig unterwegs, fuhr, ging oder flog von einem Termin zum nächsten, um über Yoga, Buddhismus, Entspannung oder das Sein zu berichten. Aber irgendwie war es immer das Gleiche: Ein Projekt war erledigt und ich nahm mir vor, bis zu Beginn des nächsten Auftrages Zeit mit Freunden zu verbringen, ins Kino, in Konzerte zu gehen oder meine Beziehung zu pflegen. Doch es dauerte nicht lange, da zerplatzten meine Träume wie eine Seifenblase und ich widmete mich wieder voll und ganz dem nächsten Auftrag.

Das Problem, dass meine Zeit immer knapper wurde, war nicht neu. Ich hatte mir auch nie die Zeit genommen, intensiver darüber nachzudenken oder mit Freunden darüber zu reden. Schließlich gab es ja immer wichtigere Dinge zu tun, bei denen ich niemals das Gefühl hatte, meine Zeit zu vertrödeln. Und da mir meine Arbeit eben auch so viel Spaß machte, versuchte ich ständig, mein Leben so effizient wie möglich zu gestalten. Ich hatte zeitweise einige Mitarbeiter, die mich hier und da unterstützten. Und natürlich hatte ich mir auch ein beträchtliches Arsenal an technischen Geräten zugelegt, die zu dem Zweck erfunden worden waren, das Leben zu vereinfachen und effizienter zu gestalten – und Zeit zu sparen.

Was aber passierte, war genau das Gegenteil: In meinem Kopf surrte und rauschte es immer häufiger und ich war mit zunehmender Anzahl an Geräten und virtuellen Welten, in denen ich verkehrte, immer weniger in der Lage, mich länger als ein paar Minuten auf ein und dieselbe Aufgabe zu konzentrieren. Selbst das Lesen eines Artikels fiel mir schwer. Ich wurde immer erschöpfter und rastloser zugleich und hatte zunehmend das Gefühl, dass mir die Zeit zwischen den Fingern zerrann. Es war ein Gefühl des Getriebenseins: aufstehen, E-Mails checken, frühstücken, E-Mails checken, Anrufe beantworten und im Büro wieder E-Mails checken. Zwischendurch im Netz surfen, Telefonate beantworten, ein geballtes Arbeitspensum abarbeiten. Dauernd unter Strom. Ständig auf dem Handy erreichbar und ständig im Netz. Eine Zeit lang fragte ich mich, ob ich einer Sucht verfallen war. Doch jedes Mal, wenn ich anderen Menschen begegnete, hatte ich das Gefühl, dass es allen anderen in meinem Umfeld genauso ging. Unbekannte, die mir im Café, in der U-Bahn, im Zug oder in der Wartehalle des Flughafens begegneten, schienen ebenfalls Sklaven ihrer Handys und Laptops zu sein: immer online, immer up to date. So wie sie war auch ich ständig damit beschäftigt, zu schauen, ob es wichtige Neuigkeiten gab. Alle paar Minuten unterbrach ich meine Arbeit, um mit der Welt in Verbindung zu treten. Wenn ich an meiner Arbeit saß und mein E-Mail-Programm mir eine hereinkommende Nachricht meldete, musste ich sie sofort lesen. Es war wie ein Reflex, ausgelöst von der Sorge, etwas Wichtiges zu verpassen. Am Abend und am Wochenende das Gleiche. Jederzeit verfügbar. Allzeit bereit.

Nach besagter Nacht hielt ich seit vielen Jahren zum ersten Mal inne. Und zwar nicht nur für einen Moment oder für zwei Wochen, um mich bei einer Ayurvedakur zu regenerieren, sondern für viele Monate. Ich zog auf Anraten meines Arztes meine eigenen Siebenmeilenstiefel aus und begann, barfuß Schritt für Schritt zu gehen. Meistens im übertragenen Sinne, aber auch immer wieder mal faktisch. Ich arbeitete – wenn überhaupt – nur zwei bis drei Stunden am Tag und übte mich in einem tiefen Vertrauen, dass das Leben für mich sorgen würde. Ich schaffte Abstand zwischen mir und dem, was mich von mir selbst entfernt hatte: meinem Handy, meinem Laptop, dem Internet und dem virtuellen Leben. In den darauffolgenden Monaten verband ich mich wieder intensiv mit der Natur, weil ich mir wieder Zeit dafür nahm. Stundenlang ging ich spazieren und hatte wieder das Gefühl, Teil der Natur zu sein. Und je mehr ich dies tat, den Wind wieder in meinen Haaren spürte, die Verbindung zur Erde genoss, den Geruch des Waldes in mich aufsog, desto abstruser und kranker wirkte mein alter Lebensstil auf mich.

In diesen Monaten unterhielt ich mich mit vielen spirituellen Lehrern, weil zu meinem Entschleunigungsprogramm auch eine intensive Yoga- und Meditationspraxis gehörte. Durch meine veränderte Außenwahrnehmung fiel mir auf, wie gestresst Yoga-, Achtsamkeits- und Meditationslehrer sind, die von einem Yogastudio oder Meditationszentrum zum nächsten hasten müssen, um ihren Lebensunterhalt als freiberufliche Lehrer zu verdienen, oder primär damit beschäftigt sind, ihr Yogastudio oder Meditationszentrum am Laufen zu halten – und dabei selbst immer mehr ausbrennen. Es wirkte nun aberwitzig auf mich, dass Menschen Unterricht bei Lehrern nehmen, die genauso ausgepowert sind wie sie selbst.

Dass auch viele spirituelle Lehrer getrieben sind von Existenzängsten, wird immer deutlicher in einer Zeit, in der diese von allen Seiten geschürt werden, besonders von den Medien, die damit ihr Geld verdienen. Aber es zeigt auch, wie wenig verankert z.B. der ursprüngliche Yoga mit seinem tiefen spirituellen Ansatz hier im Westen ist. Schließlich geht es ja um ein Tun im Nicht-Tun, das heißt, die Dinge um ihrer selbst willen zu tun, und nicht, um sich eine möglichst große Kundschaft zu sichern oder viel Geld anzuhäufen. Auch wenn manche das anders sehen, so wie ein renommierter Yogalehrer, der mir vor Kurzem unter vier Augen, als ich ihn fragte, ob es ihn nicht stressen würde, rund um die Uhr zu arbeiten, Folgendes erklärt hatte: »Solange die Eisen im Feuer noch heiß sind, arbeite ich, was das Zeug hält.«

Seit meinem Kollaps habe ich viele Artikel und Bücher über dieses Thema geschrieben. Die Leserbriefe dazu nahmen kein Ende. Besonders aus der spirituellen Szene schreiben mir viele Menschen, dass auch sie unter dem Gefühl leiden, ausgebrannt zu sein. Auch sie haben Ängste verschiedenster Couleur. Ein gemeinsamer Nenner ist aber zweifelsohne der steigende gesellschaftliche Anspruch auf immer mehr Wachstum und das Gefühl, dem nichts entgegensetzen zu können. Besonders ausgebrannt sind solche Menschen, die in heilenden und helfenden Berufen tätig sind. Tatsächlich zeigen immer mehr Untersuchungen, dass ihre Zahl zunimmt: das Burn-out-Syndrom wird immer häufiger; der Einsatz von Antidepressiva und Muntermachern steigt seit Jahren rasant an.

Was auch immer zu Burn-out, Depressionen oder einer Angststörung führt – eine solche psychische Erkrankung kann der erste Schritt in eine neue, vielleicht sogar wirklich spirituelle Richtung sein, indem man geduldiger wird, dem Leben vertraut und wieder beginnt, Meditation und Yoga um ihrer selbst willen zu praktizieren und das eigene Leben, dem eigenen Wesenskern entsprechend lebt. Dies ist natürlich kein einfacher Schritt, zumal es in den Lehren Buddhas heißt, dass wir uns nicht aus dem Leben zurückziehen, sondern aktiv unseren Platz einnehmen sollen. Und wie soll man in einer Welt, in der der Überlebenskampf immer größer wird und Mobbing an der Tagesordnung ist, seinen Platz auf eine spirituelle, ethische und authentische Weise einnehmen?

Wie also kommen wir von einem ferngesteuerten zu einem selbstbestimmten Leben? Wie können wir wieder lernen, mit dem Fluss des Lebens zu leben, voller Vertrauen und dem Wissen, dass alles zum richtigen Zeitpunkt passiert, wenn wir auf unserem Weg sind? Wie können wir lernen, wieder geduldiger zu werden und mit den Zyklen der Natur und des Seins zu leben? Dies sind wichtige Fragen, die ein Umdenken sowohl vom Einzelnen als auch von der ganzen Gesellschaft erfordern. Doch anscheinend tun die Natur, das Leben und die Elemente ihr Übriges dazu und sorgen von sich aus für ein Gleichgewicht. Sie bremsen die Menschen aus und werfen sie zurück in einen ganz natürlichen Kreislauf, eingebunden in Raum und Zeit. Denn es vergeht kaum ein Tag, an dem nicht irgendeine Zeitschrift über Burn-out berichtet und Tipps zur Bewältigung und Vermeidung gibt. Oder aber es wird von Prominenten berichtet, die betroffen sind und sich gezwungen sehen, ihr Leben zu ändern – und zu verlangsamen.

Auch wenn ich mein eigenes Hetzen durch Raum und Zeit mit dem jetzigen Abstand nur mit Kopfschütteln betrachten kann, so beglückwünsche ich mich doch gleichzeitig zu dem, was passiert ist – und bin sogar dankbar für diese Erfahrung, wenn sie auch nicht immer einfach war und ist. Das, was passiert ist, hat mich wieder zurück in den Moment geholt und mir verdeutlicht, dass virtuelle Welten und die Aufhebung von Zeit durch immer schneller werdende technische Möglichkeiten eine Illusion und gegen die Wirkkräfte der Elemente und die göttlichen Prinzipien sind. Vielleicht bietet diese Phase, in der immer mehr Menschen kollabieren, auch anderen Menschen – oder im Idealfall sogar der ganzen Gesellschaft – die Möglichkeit, sich selbst neu zu gebären und ein vollkommen anderes Leben zu beginnen. Ein Leben aus dem Sein, das genährt wird von einer Quelle, die jenseits von Raum und Zeit sowie Handy, Laptop und Facebook liegt – im Einklang mit der Natur und von Mensch zu Mensch, von Herz zu Herz.

Abstürze, Durststrecken, Zusammenbrüche und existenzielle Krisen gehören zum spirituellen Weg dazu. Sie sind, wie Jack Kornfield sagt, notwendige Mittel zur Integration. Irgendwann tauchen auch unverarbeitete psychische Muster auf oder es wird deutlich, dass es an der Zeit ist, die eigenen Schattenseiten anzunehmen, sich der eigenen Bedürfnisse bewusst zu werden und sich diese einzugestehen. Hier wird einem oft klar, dass man eigentlich nichts weiß. Auch das gehört zur spirituellen Entwicklung.

Zehn Jahre bis zur Erleuchtung

Ein junger Mann kam zu einem Meister und fragte: »Wie lange werde ich brauchen, um Erleuchtung zu erlangen?« Der Meister antwortete: »Zehn Jahre.« Der junge Mann war erschrocken. »So lange?«, fragte er ungläubig. Darauf sagte der Meister: »Nein, ich habe mich geirrt. Du wirst 20 Jahre brauchen.« Der junge Mann fragte: »Warum habt Ihr die Zeit verdoppelt?« Da erwiderte der Meister: »Wenn ich es recht überlege, wird es in deinem Fall wahrscheinlich 30 Jahre dauern.«

Viele Menschen glauben, dass der spirituelle Weg sie geradewegs zu einer Erfahrung führt, in der es nur noch Schönheit, Reichtum, Erfolg und Liebe gibt. Bei den ersten Schwierigkeiten im Alltag, die nach einer tiefen Einsicht in die Verbundenheit mit allem oder einem nährenden Retreat früher oder später natürlicherweise auftauchen, sind sie frustriert und glauben, dass sie etwas falsch gemacht oder die falsche Praxis gewählt haben. »Vor der Erleuchtung Holz hacken, Wasser tragen. Nach der Erleuchtung Holz hacken, Wasser tragen«, lautet eine Zenweisheit, die ausdrückt, dass es kein Ziel im linearen

Raum-Zeit-Gefüge gibt, keinen finalen Zustand von Erleuchtung, sondern sich der Grad unseres Erwachens einzig und allein in unserem Denken und Handeln zeigt. Zu glauben, wir müssen irgendwo ankommen, kann zu einem großen Stolperstein werden und uns die Sicht auf unsere eigene, uns permanent innewohnende Buddhanatur versperren.

Hochs und Tiefs auf dem Weg

Einige Jahre lang hatte ich das Gefühl, große Fortschritte auf meinem spirituellen Weg zu machen. In der Meditation wähnte ich mich in Zuständen tiefer Stille und Eintracht mit mir und meiner Umgebung. Während mehrtägiger Meditationsretreats hatte ich einen direkten Draht zum Universum. Stolz erzählte ich in den Abschlussrunden von meinen Erfahrungen. Im Alltag zeigte sich mein spiritueller Fortschritt dadurch, dass ich mich nicht mehr so sehr mit verschiedenen gesellschaftlichen Rollen oder persönlichen Gefühlen identifizierte, sondern einfach präsent war. Ja, ich war wach, offen und aufmerksam für das, was gerade war.

Doch dann kam eine Zeit, in der alles stagnierte. In der Meditation war ich nicht in der Lage, auch nur eine Pause von einer Sekunde zwischen meinen Gedanken zu entdecken, geschweige denn, in dieser Pause zu entspannen. Egal, wie lange ich meditierte – nichts passierte. Keine Stille, keine Lichterscheinungen, gar nichts außer Selbstanklagen, Zweifeln und endlosen Gedankenschleifen. Auch jenseits des Meditationskissens lief nichts so, wie ich es wollte. In meiner Beziehung gab es viel Streit, meine Arbeit fiel mir schwer und überhaupt wäre ich am liebsten aus allem ausgestiegen. Auch in meiner Yogapraxis hatte ich das Gefühl, dass meine Muskeln sich verkürzt hatten und ich die Stellungen längst nicht mehr so halten konnte, wie ich es gewohnt war. Auf den Punkt gebracht: Ich blickte damals auf eine langjährige Meditationspraxis zurück, hatte viel Geld und Zeit in spirituelle Retreats gesteckt, um nun nicht einmal zu wissen, was Spiritualität überhaupt bedeutete. Ja, ich hatte plötzlich das Gefühl, dass alle Bemühungen um meinen spirituellen Fortschritt nicht nur umsonst, sondern sogar eine reine Fehlinvestition gewesen waren. Je länger der Zustand anhielt, desto wütender, ungeduldiger und verzweifelter wurde ich.

Nach mehreren Monaten, meldete ich mich zu einem weiteren Meditationskurs an, in der Hoffnung, dabei wieder zu meiner gewohnten inneren Ruhe zurückzufinden. Sosehr ich mich auch bemühte, zwang, motivierte, anspornte und selbst zu überlisten versuchte, tat sich auch nach einer Woche meditierend, praktizierend und schweigend nichts. Die Gedanken in meinem Kopf waren immer noch genauso laut und zäh und Lücken zwischen den Gedanken konnte ich nicht ausmachen. Und schon gar kein Licht – ich war vielmehr von Dunkelheit und Depression erfüllt.

In der Abschlussrunde erzählten einige Teilnehmer von ihren Einsichten und Erkenntnissen und der inneren Ruhe, zu der sie in diesen Tagen gefunden hatten. Andere Teilnehmer schwiegen. Nur ich erzählte mit Tränen in den Augen von meiner Verzweiflung und dass ich seit Monaten wie im Nebel hockte. Der spirituelle Lehrer, der dieses Retreat leitete, meinte, dass ein solcher Zustand ein Zeichen für einen Schritt auf die nächste Entwicklungsstufe sein könnte. Er meinte, dass ich diesen Zustand bedingungslos annehmen müsse, um ihn hinter mir lassen zu können. Wobei bedingungslos heiße, auch bereit zu sein, diesen Zustand »im Nebel« für den Rest meines Lebens zu akzeptieren. Nach einem inneren Kampf willigte ich quasi mit jeder Zelle meines Körpers ein. Und siehe da – in dem Moment, als ich keinen Widerstand mehr gegen meine Gedanken, die innere Stagnation und das Gefühl des Verzweifelns leistete, war es, als hätte sich eine Tür in mir aufgetan, und es wurde wieder heller, Tag für Tag ein kleines bisschen mehr.

Was mich an dieser Erfahrung am meisten erstaunte, war aber noch etwas anderes: Einige Seminarteilnehmer hatten mich nach der Abschlussrunde angesprochen, und zwar jene, die sich nicht zu Wort gemeldet hatten, weil sie sich schämten, dass sie keinen Fortschritt zu verbuchen hatten. Sie sprachen mir ihre Bewunderung aus und waren ganz berührt von meinem Mut zur Selbstoffenbarung. Und sie waren dankbar dafür zu erleben, dass es außer ihnen offenbar auch andere Menschen gab, die feststeckten. Durch diese Gespräche realisierte ich, dass wir in eine spirituelle Leistungsgesellschaft abgleiten können, in der es bei den meisten um ein Wettrennen geht: weiser, erleuchteter, besser.

»Wenn überhaupt, dann verfügen wir nur in sehr geringem Maße über die Fähigkeit, Richtiges von Falschem zu unterscheiden. Unser Geist dämmert in Verwirrung dahin«, lehrte Meister Taisen Deshimaru. Wir sollten uns von den ständigen Bewertungen unseres Geistes – einschließlich des Messens aneinander – lösen. Unser Denken ist sehr kausal und sehr linear und leicht haben wir die Vorstellung, dass die Früchte des spirituellen Weges sich darin zeigen müssten, dass die äußeren Umstände immer besser werden, wir auf Wolken schweben und alles nur noch leicht ist. Sowohl im Alltag als auch auf dem Meditationskissen. Das Leben besteht aber aus Wechselfällen. Alles vergeht. Die guten und die schlechten Dinge. Die guten und die schlechten Erfahrungen. Je weniger wir uns damit identifizieren, je weniger wir daran festhalten und je gleichmütiger wir werden, desto gelassener können wir mit dem umgehen, was passiert – oder auch nicht passiert.

Eine wichtige Offenbarung

Ein Lama versprach einem Schüler, der glaubte, schon sehr weit auf seinem spirituellen Weg fortgeschritten zu sein, eine so tiefe Offenbarung, dass sie alles übertreffen würde, was der Schüler bis dahin erlebt hatte. Als der Schüler ungeduldig darum bat, sie ihm zuteilwerden zu lassen, sagte der Lama: »Geh hinaus in den Regen, strecke die Arme gen Himmel und recke auch den Kopf nach oben. Das wird dir die erste Offenbarung schenken.«

Am nächsten Tag kam der Schüler zum Lama und berichtete: »Ich habe deine Anweisungen befolgt und der strömende Regen floss mir in den Nacken. Ich kam mir vor wie ein großer Narr, der blind den Anweisungen eines anderen folgt.« »Findest du nicht«, sagte der Guru mit einem Lächeln, »dass dies für den ersten Tag schon eine sehr wichtige Erkenntnis ist?«

»Zentriere dich auf deine eigene Mitte, überdehne dich nicht nach außen. Weite dich von der Mitte her, aber kehre wieder zu deiner Mitte zurück. Und verweile bei dir selbst«, lehrt ein Jataka, eine Geschichte aus dem Leben Buddhas, und will uns dazu ermutigen, unsere eigene Mitte zu finden. Dort ruhen die

wichtigsten Offenbarungen, unsere eigene Buddhanatur. Wenn wir ihr nur halb so viel vertrauen würden wie den Anweisungen so manchen Lehrers, würde sie uns führen. Unreflektiert Anweisungen von
Meistern zu folgen kann uns immer wieder zu Fall
bringen, birgt aber paradoxerweise auch die Möglichkeit, auf diese Weise auf unsere Buddhanatur zu
stoßen.

Übung: Geduld entwickeln

Die wohl wichtigste Zutat für den spirituellen Weg ist Geduld. Sich mit einer regelmäßigen Praxis vertraut zu machen, sich der eigenen Denk- und Verhaltensmuster bewusst zu werden, sich über die Selbstverantwortung im Klaren zu werden und entsprechend zu handeln ist ein Prozess, der viel Geduld verlangt. Viele Menschen machen sich mit Enthusiasmus auf den Weg, verlassen ihn aber wieder, weil sie das Gefühl haben, nicht schnell genug voranzukommen. Dann wechseln sie die Technik, den Lehrer oder die Lehrerin, die Tradition. Aber letztendlich ist es egal, welchen Weg man geht. Denn sie alle fordern Konsequenz und Regelmäßigkeit in der Praxis. Weil nur dadurch können wir Verhaltensweisen und festgefahrene Gedankenstrukturen ändern und blitzartige Erkenntnisse integrieren. Wer sich nicht zu viel vornimmt und den Weg Schritt für Schritt geht, wird am Ende nicht enttäuscht, sondern bei sich selbst ankommen.

- Passen Sie die Praxis an Ihr Leben an und nicht Ihr Leben an die Praxis.
- Überfordern Sie sich nicht mit großen Zielen, sondern freuen Sie sich, wenn Sie kleine Fortschritte auf Ihrem Weg machen.
- Seien Sie nicht zu hart zu sich selbst, sondern gehen Sie liebevoll mit sich um.
- Nehmen Sie nicht immer alles so persönlich.
- Achten Sie darauf, dass Sie mit genügend Humor bei der Sache bleiben.

Alles ist eins

Ich habe klar erkannt:
Geist ist nichts anderes
denn Berge und Flüsse und die große Erde,
als die Sonne,
der Mond und die Sterne.
MEISTER DOGEN

Der frierende Asket

In einer kalten Nacht, mitten im Winter bat ein Asket um Unterkunft in einem Tempel in Kyoto. Der Priester willigte ein, ihn eine Nacht bei sich im Tempel zu beherbergen. »Gut«, sagte er, »du kannst eine Nacht hierbleiben, aber morgen musst du weiterziehen, denn dies ist ein Tempel und keine Herberge.«

Später in der Nacht wurde der Tempelpriester wach und hörte ein knisterndes Geräusch. Er stürzte in den Meditationsraum und sah, dass der Asket sich an einem Feuer wärmte, das er inmitten des Raums gemacht hatte. Dafür hatte er eine hölzerne Buddhastatue vom Altar genommen und sie entzündet. Der Priester sah voller Schrecken auf die brennende Statue und schrie: »Bist du verrückt geworden? Weißt du, was du getan hast? Das war eine Buddhastatue. Du hast den Buddha verbrannt.« Langsam erlosch das Feuer und der Fremde begann, darin herumzustochern. »Was machst du da?«, schrie der Priester. »Ich suche die Knochen des Buddha, den ich verbrannt habe«, erwiderte der Asket.

Einige Tage später erzählte der Priester dem Abt des Tempels von diesem Vorfall, doch der sagte nur: »Du musst ein schlechter Priester sein. Schließlich ist dir ein toter Buddha mehr wert als ein frierender Mensch.«

Jedem Menschen wohnt die Buddhanatur inne. Wenn wir das vergessen, verfehlen wir den Sinn der Praxis. Alles ist eins und wenn wir das spüren, können wir das Zen-Koan, den rätselhaften Weisheitsspruch, bestätigen, das besagt, dass die alte Tanne Weisheit lehrt und der Schrei der Wildvögel die Wahrheit verbreitet.

Der Abt, der seinen Verstand verloren hatte

Einst leitete in Nepal ein Abt ein Kloster. Er wurde wegen seiner Macht gefürchtet und seine große Anhängerschaft liebte ihn für seine Weisheit. Im Herzen des Klosters gab es einen Brunnen mit kristallklarem und kühlem Wasser. Alle Bewohner des Klosters schätzten dieses Wasser und tranken davon.

Eines Nachts, als alle schliefen, kam ein Dämon in das Kloster, goss sieben Tropfen einer Zauberflüssigkeit in den Brunnen und sagte dreimal: »Wer von dieser Stunde an Wasser aus diesem Brunnen trinkt, soll verrückt werden.« Am nächsten Morgen tranken alle Mönche aus dem Brunnen und wurden verrückt. Nur der Abt hatte nicht daraus getrunken.

Den ganzen Tag über flüsterten die Mönche: »Der Abt ist verrückt. Der Abt hat den Verstand verloren. Wir können doch keine Belehrungen von einem verrückten Abt erhalten. Wir müssen das Kloster verlassen und zu einem anderen Abt gehen.« Da ließ am Abend der Abt am Brunnen einen goldenen Becher füllen. Als man ihm das Getränk brachte, nahm er einen großen Schluck. Kurze Zeit später feierte das ganze Kloster ein großes Fest, denn der Abt hatte seinen Verstand wiedergefunden.

»Das Leben der Geschöpfe lässt sich mit einem galoppierenden Pferd vergleichen. Bei jeder Bewegung verändert sich seine Gestalt, in jedem Augenblick verändert es seinen Standort. Ihr fragt mich, was ihr tun sollt und was ihr nicht tun sollt? Nun, überlasst euch einfach den natürlichen Wandlungen.« Mit diesen Worten rät uns Tschuang Tse, ganz präsent im Hier und Jetzt zu sein, ohne uns gegen das zu wehren, was gerade passiert. In der Offenheit erkennen wir, dass der gesamte Kosmos, alle Schmetterlinge und alle Träumenden, alle Verrückten und alle Weisen in einem einzigen Atemzug vereint sind. Zu versuchen, die Paradoxe auf dem spirituellen Weg nur mit dem Verstand zu erfassen, ist einer der größten Stolpersteine, denn das Wesentliche können wir nur mit unserem Herzen oder, anders ausgedrückt, mit dem Buddha in uns erkennen.

Auf der Suche

Eines Abends, als es schon spät ist, sehen einige Freunde, wie ein Mann um einen Laternenpfahl herumgeht, sich immer wieder bückt und anschließend im Radius des Lichtes auf allen vieren herumkriecht und anscheinend etwas sucht. Da sprechen ihn die Freunde an: »Was um Himmels willen machst du zu dieser Stunde hier im Licht der Laterne?« Der Mann antwortet, dass er seinen Hausschlüssel verloren habe. So bücken auch sie sich und suchen und suchen – erfolglos. Schließlich fragt einer der Freunde: »Wo genau hast du den Schlüssel verloren?« Der Suchende antwortet: »Im Haus.« Da fragen ihn die Freunde verwirrt: »Und warum suchst du deinen Schlüssel dann hier auf der gegenüberliegenden Seite der Straße unter dem Laternenpfahl?« »Weil hier mehr Licht ist«, antwortet der Mann, geht wieder auf alle viere und sucht weiter.

»Wonach suchst du? Nach Glück, Liebe, Seelenfrieden? Suche nicht am anderen Ende der Welt danach«, empfiehlt eine tibetische Weisheit, »denn sonst wirst du enttäuscht, verbittert und verzweifelt zurückkehren. Suche am anderen Ende deiner selbst, in der Tiefe deines Herzens.« Die Lehre des Buddha

zeichnet sich in ihrer Essenz durch die Reduktion auf das Wesentliche aus: die Befreiung in uns selbst zu finden! Mehr braucht es nicht, als den Blick nach innen zu wenden.

Das Ich überwinden

In den Yogalehrerausbildungen, in denen ich das Fach Philosophie unterrichte, lese ich den Teilnehmern immer einen Text vor, den ich nach einer tiefen Erfahrung meines eigenen Wesens geschrieben habe: »Es gibt nichts mehr zu suchen. Es gibt nichts mehr zu finden. Alles IST einfach nur da. So, wie es schon immer da war und immer da sein wird. Es gibt auch nichts zu erfahren. So, wie es nichts zu sehen und auch nichts zu hören gibt, dann, wenn ich einfach nur BIN. Es gibt auch nichts zu beweisen und nichts zu verteidigen. Es gibt nicht einmal ein Gefühl, wenn ich BIN. Selbst Liebe ist nur ein Gefühl, ist Illusion und ein Traum, der mir den Eindruck vermittelt, zu sein. Aber wenn ich BIN, dann gibt es nur das SEIN, das allumfassende NICHT-MEHR-GETRENNT-SEIN. Alles und nichts in einem. Bedingungslos. Jeder Versuch, das IST und das SEIN in Worte zu fassen, trennt mich vom SEIN bzw. NICHT-SEIN. Das Greifen und Suchen nach Worten nimmt der Leere ihren Inhalt. Ich war immer da und werde immer da sein.«

Anschließend frage ich die Teilnehmer, wer eine solche Erfahrung, bei der wir unser begrenztes Ich für einen kurzen Moment oder längeren Zeitraum überwinden, kennt. Im Durchschnitt sind es 60 bis 70 Prozent der Anwesenden, die bereits eine solche Einheitserfahrung gemacht haben oder ein ähnliches Erlebnis hatten, bei dem sie sich mit einem anderen Menschen oder mit der Natur zutiefst verbunden gefühlt haben. Sie haben im Ansatz das erlebt, was Zenmeister Dogen in folgende Worte kleidete: »Alles ist Kosmos: die Steine, die Berge, die Bäume, die Blumen, die Kräuter, die Sterne. Die gesamte Natur ist Kosmos und ebenso die Nicht-Natur, das Künstliche und alle Werke der Menschen, die materiellen ebenso wie die spirituellen, sowie Raum und Zeit.«

Die einen bezeichnen das, was sie oftmals zufällig erlebt haben, als eine Begegnung mit dem Göttlichen. Andere kennen dieses Erleben unter dem Begriff »Flow«, der von dem Glücksforscher Mihály Csíkszentmihályi erschaffen wurde. Wieder andere haben das Gefühl, es als eine Verbindung mit dem ganzen Universum erfahren zu haben. In einem solchen Moment, in dem Raum und Zeit zusammenfallen, können wir die Erfahrung machen, dass alles eins ist. Untrennbar miteinander verbunden. Grenzenlos. Viele von den zukünftigen Yogalehrern wussten aber bis zu meiner Unterrichtsstunde nicht, dass es das Ziel bestimmter spiritueller Praktiken ist, eine solche Erfahrung zu machen. Denn erst durch ein solches Erlebnis, das weit über unser Ich-Bewusstsein hinausgeht, realisieren wir, dass wir viel mehr sind als unsere Geschichten, viel mehr als unsere Körperempfindungen, Gedanken und Gefühle – und es etwas in uns gibt, das größer ist als unser Ich, das uns

149

immer das Gefühl vermittelt, der Mittelpunkt des Universums zu sein, und das sich so oft getrennt fühlt von Gott und der Welt.

Besonders nachhaltig blieb mir eine zukünftige Yogalehrerin Anfang 30 in Erinnerung, die an einer dieser Ausbildungsstunden teilnahm. Sie hatte eine solche Einheitserfahrung gemacht, als sie mit ihrem Motorrad bei 175 Kilometer in der Stunde in eine Kurve gefahren war: Von einem Moment auf den anderen hatten sich alle inneren und äußeren Grenzen aufgelöst. Sie fühlte einen unendlich tiefen Frieden und eine ebenso unendlich tiefe Verbundenheit mit dem ganzen Kosmos. Als ich ihr erzählte, dass das, was sie erlebt hatte, ihre tiefste Wesensnatur sei, saß sie da mit Tränen in den Augen, weil sie seit damals im Außen nach einer Wiederholung dieser Erfahrung gesucht hatte. Als ich ihr dann weiter erklärte, dass wir eine solche Erfahrung überall machen können, nämlich bei der Liebe, in der Natur, in oder nach der Meditation, in extremen Situationen oder ganz einfach im Hier und Jetzt, wenn wir vollkommen im gegenwärtigen Moment sind, war sie zutiefst berührt, denn sie hatte gedacht, dass dies nur in halsbrecherischen Momenten möglich sei.

»Die Menschen wissen nicht, wie nahe die Wahrheit ist«, schrieb einst Hakuin Ekaku. »Sie suchen in der Ferne, wie traurig. Sie gleichen einem Mann, der mitten im Wasser steht und vor Durst jämmerlich schreit.« Als ich Hakuin zitierte und ihr erklärte, dass das Erleben einer solchen Verbundenheit Gnade ist und wir dies nicht erzwingen können, entspannte sie sich – und ihr Leben bekam eine neue Ausrichtung.

Genauso, wie wir eine solche Erfahrung nicht erzwingen können, können wir sie auch nicht festhalten. Sie wird daher auch als Gnade bezeichnet. Und trotzdem haben viele Menschen, die mir begegnet sind, die Einheit geschmeckt. Manche trauen sich nicht, darüber zu sprechen, weil die Eindrücke nicht in ihr Weltbild passen. Dann bewahren sie sie wie einen inneren Schatz auf. Menschen, die diese Erfahrung in einem Retreat oder spirituellen Kontext gemacht haben, sehnen sich danach, sie wieder und wieder zu machen. Sie können einen Raum der Weite, der Liebe und der Einheit in uns öffnen.

Übung: Einheit erfahren

Seit Jahrtausenden träumen Menschen auf der ganzen Welt davon zu erwachen, um mit dem Bewusstsein, dass alles eins ist, dauerhaft in Kontakt zu sein. Das gelingt nur wenigen Menschen. Buddha war einer davon. Viele andere sind hingegen nur kurzzeitig mit ihrem Einheitsbewusstsein, dem reinen Bewusstsein, in Kontakt gekommen. Es sind Momente, in denen wir mit uns selbst oder mit anderen Menschen und dem Leben die absolute unaussprechliche Einheit erfahren, unverletzt und vollkommen, ohne Beginn und ohne Ende.

Diese Erfahrung kann manchmal nur den Bruchteil einer Sekunde dauern, in dem wir uns und die Welt als unverwundbar und heil erfahren. Ein Moment, in dem alles miteinander verbunden war, ist und sein wird. Augenblicke in der Natur, beim Musikhören oder in der Stille können ein solches Erlebnis auslösen. Auch im Sport ist diese Erfahrung bekannt und wird als Flow bezeichnet. Und nicht zuletzt – und das macht die Liebe so liebenswert – kann diese Erfahrung beim Liebesakt vorkommen, im Moment des Orgasmus, dem Moment der absoluten Verschmelzung zweier Menschen.

Es gibt die unterschiedlichsten Methoden, mit denen solche Erfahrungen erzielt werden können. Die »einfachste« Möglichkeit, eine direkte Erfahrung zu erlangen, ist, in der Gegenwart zu verweilen und das Bewusstsein von Anhaftungen zu befreien. Wenn wir in der Lage sind, ganz im Hier und Jetzt zu sein, ohne auch nur den Bruchteil einer Sekunde im Gestern und Morgen zu verweilen, und den Moment zu erfahren, befinden wir uns im Erleuchtungszustand und Vergangenheit und Zukunft fallen in der Gegenwart zusammen. In dieser gegenwärtigen Präsenz hören wir auf zu werten, zu be- und zu verurteilen und befinden uns in der Einheit. Um diesen Zustand zu erreichen, müssen wir bereit sein, uns von Moment zu Moment neu zu erfahren, und dürfen nicht mit den Gedanken abschweifen. In den meisten Fällen ist es so, dass unsere Gedanken uns beherrschen und nicht wir sie.

- Machen Sie sich immer wieder bewusst, dass alles miteinander verbunden ist. Nehmen Sie sich zum Beispiel vor dem Frühstück ein paar Minuten Zeit und überlegen Sie, wer alles daran mitgewirkt hat, dass Sie eine Tasse Tee trinken können, dass Sie etwas auf dem Frühstücksteller haben etc. Je mehr Details Sie dabei bewusst unter die Lupe nehmen, desto mehr werden Sie realisieren, dass zahlreiche Menschen auf der ganzen Welt daran beteiligt sind, dass Sie ein köstliches Frühstück genießen können.
- Öffnen Sie sich dafür, dass es etwas in Ihnen und mir, in Ihrem Nachbarn, Ihrem Gemüsehändler, dem Polizisten in der nächsten Wache etc. gibt, was uns alle miteinander verbindet: das klare, bedingungslose Gewahrsein. Versuchen Sie nicht, dies auf einer intellektuellen Ebene zu verstehen, sondern versuchen Sie, sich aus Ihrem Herzen heraus dafür zu öffnen.

Die Auseinandersetzung
mit der Vergänglichkeit

Alles ist vergänglich.
DER BUDDHA

Mein erster großer Lehrer

Masahiro war der Mann, wegen dem ich glaubte, überhaupt nur geboren worden zu sein. Mit ihm wollte ich den Rest meines Lebens verbringen. Doch uns waren nur vier gemeinsame Jahre vergönnt, danach starb er an einem Lungenkarzinom. Auf unsere Liebe und all die gemeinsamen Zukunftspläne, die wir geschmiedet hatten, nahm das Leben keine Rücksicht. Es hat seine eigenen Gesetzmäßigkeiten.

Einige Tage nach der Bestattungsfeier brachte ein Angestellter des Krematoriums eine kleine, aus Kupfer angefertigte und versiegelte Urne in die gemeinsame Wohnung von Masahiro und mir. Als ich die Tür öffnete, war es, als würde mir eine Lanze ins Herz gebohrt. Anhand der Asche noch einmal damit konfrontiert zu werden, dass der Körper des Menschen, den ich über alles geliebt hatte, tatsächlich verbrannt worden war, erschütterte mich zutiefst. Immer wieder hatte ich die Essenz des Buddhismus rezitiert: »Alles ist vergänglich!« Aber das Verständnis auf der kognitiven Ebene bewahrte mich nicht vor dem seelischen Schmerz, den mir dieser Verlust brachte. Warum lehrte mich das Leben auf so schmerzliche Weise die Vergänglichkeit? An dem Abend, als man mir die Überreste von Masahiro gebracht hatte, wollten einige gemeinsame Freunde, Masahiros Kinder, sein Bruder und ich ein gemeinsames Abschiedsritual für ihn feiern. Obwohl wir geplant hatten, es festlich zu zelebrieren, alberten wir die ganze Zeit herum und leerten mehrere Flaschen Wein auf Masahiros Wohl. Unbewusst waren wir mit dieser Situation alle maßlos überfordert und versuchten, dies durch zum Teil makabere Witze zu überspielen. Im Grunde hielt es keiner von uns aus, sich vorzustellen, dass der Körper eines Menschen, den alle Anwesenden auf ihre eigene Weise geliebt und geschätzt hatten, verbrannt worden war und Masahiro für uns in der bisher gewohnten Form plötzlich nicht mehr fassbar war.

Einer der Anwesenden war praktizierender Zen-Buddhist. Er war einer der besten Freunde Masahiros. Zum ersten Mal wurde er mit dem Tod konfrontiert. Zum ersten Mal realisierte er, dass die Praxis auf dem Kissen eine Sache ist und die unmittelbare Konfrontation mit dem Tod eine andere, die die eigenen Grenzen deutlicher erkennen lässt und wo man sich tatsächlich auf seinem spirituellen Weg befindet.

Einen Tag später flog Keisuke, Masahiros Bruder, eigentlich Nichtraucher, auf einem Raucherplatz (damals gab es das noch) mit der Urne neben sich nach Japan zurück. Es war ein ritueller Akt, den er vollzog, denn nach japanischer Sitte wird nach dem Tod noch einmal etwas gemacht, was dem Verstorbenen große Freude bereitet hätte. In Masahiros Fall bedeutete dies: auf einem Raucherplatz um die halbe Welt zu fliegen! Dass das Nikotin ihm den Tod gebracht hatte, war in diesem Fall nicht relevant. Auch nicht die traurige Tatsache, dass er zwei Tage vor seinem frühen Tod auf der Kante seines Krankenbetts gesessen hatte und immer wieder kopfschüttelnd gemurmelt hatte: »Scheißzigaretten! Scheißzigaretten!« So war es ein groteskes Bild, als die kleine Urne hinter der blinkenden Leuchtschranke der Münchner Flughafenkontrolle verschwand, um auf eine Weise nach Hause zu fliegen, an die Masahiro nicht im Traum gedacht hätte. Aber: Das Leben ist voll von Paradoxen. Vieles davon können wir mit unserem begrenzten Alltagsbewusstsein nicht begreifen. Auf der anderen Seite können uns Paradoxe – in Form eines Koans – als Tor dienen und uns mehr in Kontakt bringen mit unserer Buddhanatur.

Masahiros Familie lud mich ein, ein Jahr später nach Japan zu kommen, um am O-Bon-Fest teilzunehmen. Bei diesem Ereignis kehren die Verstorbenen zur Erde zurück – so heißt es zumindest im japanischen Volksglauben. Masahiros Eltern fühlten sich geehrt, als ich zusagte, mit dabei zu sein, wenn ihr Sohn mit all den anderen heimkommen würde. Eine solche Vorstellung war mir natürlich lieber als der Gedanke, niemals wieder mit Masahiro in Kontakt treten zu können!

Als Vorbereitung auf diese Reise verbrachte ich das folgende Jahr mit einem intensiven Japanisch-Studium auf der einen Seite, aber auch viel Trauerarbeit auf der anderen. Erst langsam wurde mir bewusst, was es bedeutete, dass alles vergänglich ist. Wie schwer fiel es mir, diese Tatsache zu akzeptieren. Und wie unfassbar war es, dass der Mensch, den ich am meisten geliebt hatte, für immer aus meinem Leben gegangen war. All die Weisheiten der großen Meister und Gurus konnten mir in dieser Situation nicht helfen. Sie konnten weder meinen Verstand noch mein Herz berühren. Stattdessen empfand ich im Laufe der Monate neben Fassungslosigkeit auch viel Wut auf das Leben und seine mir so unverständlichen Gesetzmäßigkeiten. Auch kam ich mir allein gelassen vor, denn seit das Sterben in Deutschland mehr oder weniger hinter verschlossenen Kliniktüren stattfindet, wird scheinbar auch die Auseinandersetzung mit der eigenen Sterblichkeit immer mehr verdrängt. Selbst gute Freunde mieden mich in dieser Zeit und erzählten mir Jahre später, dass sie die Konfrontation mit der Sterblichkeit nicht ausgehalten hätten. Andere wechselten schnell das Thema und wandten sich in Gesprächen lieber dem Leben zu.

Ich begann, auf einer tieferen Ebene zu verstehen, wie wichtig die buddhistischen Rituale sind, die für Sterbende und Verstorbene in vielen Traditionen durchgeführt werden. Sie unterstützen nicht nur die Verstorbenen darin, die verschiedenen Stufen des Todes zu durchlaufen, sondern helfen auch den Hinterbliebenen dabei, den eigenen Tod und den eines anderen Menschen besser zu bewältigen. Auch ich versuchte, mit Ritualen Masahiros Tod zu verarbeiten und mich wieder dem Leben zu öffnen. Es waren Rituale des Dankes, des Abschieds und des Neubeginns. Einige davon vollzog ich im buddhistischen Verständnis, andere kreierte ich spontan und nach meinem eigenen tiefsten Verlangen.

Ein Jahr später, Mitte August, landete ich in Japan. Ich war nervös und sehr aufgeregt. Schließlich kam ich in eine mir völlig fremde Kultur und war für gute zwei Wochen Gast in einer Familie, die ich nur aus Erzählungen kannte. Würde das Japanisch, das ich mir innerhalb eines Jahres in Crashkursen, an der Uni und durch Gespräche angeeignet hatte, ausreichen, um mich über Floskeln hinaus verständigen zu können? Würde ich all die rituellen Handlungen verstehen und mich dabei auch der japanischen Kultur entsprechend verhalten können? Zwar hatte Masahiro mir viel erzählt und ich hatte natürlich auch viel aus Büchern gelernt, aber über eine Kultur zu lesen oder dort zu sein sind zwei Dinge. Und was Masahiro betraf: Würde er wirklich, wie von anderen erzählt wurde, zum O-Bon-Fest zurückkehren? Wenn ja, würde ich ihn wahrnehmen? Und wie würde dies geschehen – durch einen Windhauch oder auf feinstofflicher Ebene?

Vom Flughafen in Tokio aus ging es nach Nagano, in die »japanischen Alpen«. Dort wohnte Masahiros Familie in einem traditionellen japanischen Haus, das noch vollständig mit Matten aus Reisstroh ausgelegt war und dessen Wände so dünn waren wie Papier. Die Familie empfing mich ganz nach japanischer Manier – freundlich lächelnd und gleichzeitig distanziert. Die zahllosen Verbeugungen, die der rituellen Begrüßung vorweggehen, schienen kein Ende nehmen zu wollen und wirkten auf mich etwas befremdlich. Ebenso die Tatsache, dass in der Küche, in der meistens gegessen wird, große Fotos der verstorbenen Verwandten in einer Reihe hingen. Umso mehr aber berührte mich Masahiros Mutter, das Oberhaupt der Familie. Sie war eine kleine Frau, von Rheuma geplagt. Trotz ihrer schwachen Augen hatte sie im Alter von 88 Jahren für mich Englisch gelernt. Beim Begrüßungstee holte sie mit Tränen in den Augen einen kleinen zerknitterten Zettel aus ihrem Kimono, auf dem in krakeliger Schrift englische Wörter standen. Es waren kurze Sätze des Dankes. Dank dafür, dass ich ihren Sohn geliebt hatte. Dank dafür, dass ich ihn bis zu seinem Tod begleitet hatte. Und Dank dafür, dass ich mich auf den weiten Weg gemacht hatte, um ihm noch einmal zu begegnen.

Die Familie war mir gegenüber so dankbar, dass sie in den nächsten zehn Tagen auf alles, was ich tat und nicht tat, reagierte: Bereits beim ersten Augenaufschlag wurden mir Tee und Reis gereicht. Nach einem ausladenden Frühstück wurde ich aus Dank von einem buddhistischen Tempel zum anderen gefahren, davor fotografiert und zum nächsten geschleppt. Betrachtete ich irgendetwas an den kleinen Geschenkständen oder in den großen Schaufenstern der Geschäfte länger als ein paar Minuten, wurde es mir geschenkt, auch wenn ich freundlich und dankend abwinkte. Dank, der mich von Tag zu Tag mehr zu erdrücken schien.

Die Nächte verbrachte ich im Wohnzimmer neben dem Hausaltar. In diesen Stunden war ich froh, dass ich allein war und vor mich hin dösen konnte, ohne dass jemand meinte, ich würde mich langweilen, und sich deshalb verpflichtet fühlte, mir noch eine weitere Sehenswürdigkeit zu zeigen. Ich saß dann einfach da oder meditierte. Der kleine Altar war im Vorjahr nach Ankunft der Urne eigens für Masahiro aufgebaut und 49 Tage dort stehen gelassen worden. Denn nach buddhistischem Glauben dauert der Sterbeprozess eines Menschen 49 Tage. Danach erst ist ein Lebenszyklus vollständig abgeschlossen und ein neuer beginnt. Nach diesen 49 Tagen wurde der Altar wieder abgebaut und die Urne in die Familiengruft eingelassen. Anlässlich des O-Bon-Festes wurde der Altar noch ein zweites Mal aufgebaut, aber statt der Urne stand in der Mitte ein großer Stein, auf dem Masahiros Name in japanischen Schriftzeichen eingemeißelt war. Daneben hatte man ein Foto von ihm gestellt. Beides war, ähnlich wie die Gräber, mit vielen blühenden Blumen, frischem Obst und japanischen Süßigkeiten geschmückt.

Am Morgen des ersten Festtages hielt ein alter buddhistischer Mönch eine Gedenkfeier vor dem kleinen Hausaltar für Masahiro ab. Kniend saß ich mit den zwölf Verwandten und Freunden vor dem kleinen Altar und lauschte der Andacht des Mönches. Er rezitierte immer wieder kurze Passagen aus dem buddhistischen Lotos-Sutra. Mal allein, mal mit den anderen Anwesenden. Der dunkel wirkende Raum war erfüllt vom schweren Duft süßlich riechender Räucherstäbchen und die feuchte Hitze des Hochsommers trieb uns allen bereits am späten Vormittag den Schweiß auf die Stirn. Nach der halbstündigen Gedenkfeier ging die ganze Gruppe, mit den festlich gekleideten Eltern von Masahiro an der Spitze, gemeinsam zu einer sehr gepflegten Familiengruft. Auch der kleine Friedhof am Hang des Suwa-Sees war bereits erfüllt vom schweren Duft der Räucherstäbchen. Zu meinem Erstaunen war der Ort bereits sehr belebt und viele Familien hatten sich an den Gräbern eingefunden. Die einen beteten, andere waren damit beschäftigt, die Grabstätten mit frischen Blumen zu dekorieren, wieder andere entzündeten Kerzen und frisches Räucherwerk. Und der ein oder andere – so auch ich – weinte leise vor sich hin. Waren die Wunden doch wieder aufgerissen, von denen ich geglaubt hatte, dass sie im Verlauf des letzten Jahres durch all die Trauerarbeit und Rituale verheilt seien.

Nach dem Besuch auf dem Friedhof gab es zur offensichtlichen Freude aller Anwesenden ein opulentes Festmahl: Sushi, gegrilltes und frittiertes Gemüse sowie süße Bohnenküchlein waren auf einem niedrigen Tisch im Wohnzimmer aufgebaut worden. Zwischendurch wurden leere Platten abgeräumt und durch gefüllte Teller ersetzt, auf denen sich weitere Delikatessen befanden. Auch grüner Tee und warmer Sake wurden im Überfluss gereicht. Zwischendurch wurde geschlafen. Wer müde war, rollte sich einfach etwas zur Seite, hielt ein kleines Nickerchen, um dann weiter mitzufeiern. Das hinderte die anderen Gäste aber nicht daran, lauthals zu lachen und kurze Anekdoten über Masahiro zu erzählen. Auch wurden alte und neue Fotoalben der Familie herumgereicht und immer wieder legte einer der Anwesenden ein besonders wohlschmeckendes Klümpchen Reis oder eine Süßigkeit auf Masahiros

Altar. Im Gegensatz zum deutschen Allerheiligen oder Allerseelen herrschte hier eine fröhliche Stimmung und man war einhellig der Meinung, dass es Masahiro jetzt gut gehen würde. Schließlich hatte er in seinem Leben viel Gutes vollbracht. Demnach konnte es ihm jetzt nicht schlecht gehen – davon waren die Anwesenden überzeugt.

An diesem Abend fand das von mir so lang ersehnte traditionelle Feuerwerk in Okaya, einem kleinen Ort in der Nähe des Suwa-Sees, statt. Es ist nicht nur für die Familien der Verstorbenen ein wichtiges Ritual, sondern zählt auch zu den größten Touristenattraktionen Japans.

Wir fuhren mit einer überfüllten kleinen Regionalbahn dorthin und fanden uns in einer wuselnden Menschenmenge wieder. Die Familie hatte mir zu Ehren Plätze auf der ausladenden Dachterrasse eines großen Hotels am See reserviert. Schließlich sollte ich dem Himmel und all jenen, die erwartet wurden, ein Stück näher sein. Von hier aus konnte ich die kleine Seepromenade gut überschauen und die vielen Japaner beobachten, die wie ein Volk emsiger Ameisen umherliefen und an den anscheinend zahllosen kleinen Essensständen, die sich aneinanderreihten, Sushi, Ramen, Sashimi oder andere japanische Schlemmereien kauften.

Mit dem bombastischen Feuerwerk begann das eigentliche O-Bon-Fest. Über drei Stunden formierten sich die unterschiedlichsten Blumenarten aus zahlreichen Feuerwerkskörpern und in allen erdenklichen Farben am tiefschwarzen Nachthimmel: von blühendem Rhododendron, aufgehenden Rosen, weißen Lotosblüten bis hin zu ganzen Palmenhainen. Der Himmel schien sich in ein farbenprächtiges Blumenmeer zu verwandeln und wurde von Tausenden von Menschen jubelnd beklatscht. Die eigentliche Funktion des Feuerwerks bestand darin, den Verstorbenen den langen Weg zur Erde zu weisen. Die bunten Bilder sollten sie aus dem Totenreich begleiten. Was für eine wunderschöne Vorstellung! Und damit auch die langsamste Seele den Weg nach Hause fand, endete das alle Anwesenden beeindruckende Feuerwerk mit der Simulation eines riesigen Wasserfalls aus weißlich gelben Feuerwerkskörpern.

Nach dem Feuerwerk lag ich wieder im Wohnzimmer neben dem Altar, der mittlerweile mit Speisen und Blumen überhäuft war. Nachdem das O-Bon-Fest nun offiziell eröffnet war, galt dieser Platz als Ehrenplatz. Er sollte mir symbolisch noch einmal die Nähe zu Masahiro ermöglichen. Als ich erschöpft dalag, um all die beeindruckenden Momente des mir endlos erscheinenden Tages zu verdauen, schloss ich die Augen und versuchte, Kontakt zu Masahiro herzustellen. Denn schließlich musste er doch bei einem so farbenfrohen Feuerwerk den Weg nach Hause gefunden haben. Ich hoffte auf ein Zeichen oder auf eine Art der Verbindung. Jedes Geräusch deutete ich als Vorzeichen, so lange, bis es von der Stille der Nacht verschluckt wurde und ich das Gefühl hatte, allein zu sein. Hatte Masahiro den Weg etwa nicht gefunden? Oder war er in Deutschland geblieben? Oder war er da, wo er jetzt war, vollkommen zufrieden? Etwas enttäuscht schlief ich ein und bat darum, dass er mir wenigstens im Traum erscheinen würde. Aber Masahiro zeigte sich nicht. Und auch in den darauffolgenden Tagen konnte ich ihn nirgends wahrnehmen. Nicht, als seine Lieblingsnudeln ihm zu Ehren gekocht wurden, und auch nicht, als ich allein an seinem Grab saß und dort weinte. Immer wieder wünschte ich mir in den nächsten Tagen, dass es nicht nur ein Mythos oder ein leeres Ritual war, sondern dass Masahiro mit den anderen zurückgekehrt war. Aber sosehr ich auch hoffte, es passierte nichts.

Am Abend des dritten Tages wurde für jeden Verstorbenen ein kleines Schiffchen aus buntem Papier mit einem Teelicht in der Mitte auf den ruhigen See gelassen. Es war ein wunderschönes Bild, als mehrere Hundert Schiffchen auf ihm schwammen. Es wirkte, als würden all die Verstorbenen für ihre Verwandten auf dem See einen kleinen Abschiedstanz darbieten. Und doch, als ich dieses anmutige Schauspiel betrachtete, wurde ich sehr traurig, denn jetzt wurde mir bewusst, dass der Abschied von Masahiro endgültig war.

Das Erlebnis, den Menschen, den ich am meisten liebte, zu verlieren, vermittelte mir auf unmittelbare Weise eine der zentralen Aussagen des Buddhismus: Alles ist vergänglich.

Auch wenn es eine der schmerzhaftesten Erfahrungen meines Lebens war, so lehrte sie mich, mehr im Hier und Jetzt zu leben und zu akzeptieren, dass alles im nächsten Moment bereits vorbei sein kann.

Der Vergänglichkeit ins Auge schauen

»Man kann die Wellen nicht stoppen, aber man kann lernen, auf ihnen zu reiten«, hatte Swami Satchidananda einst gesagt. Das mag in einem übertragenen Sinne stimmen, aber im Dezember 2004 kostete eine Welle Hunderttausende von Menschen das Leben. Doch dass sich bald eine solche Katastrophe ereignen sollte, konnte ich nicht ahnen, als ich damals auf Sri Lanka landete.

In dem kleinen Flughafengebäude ging es sehr entspannt zu. Während ich geduldig auf die Passkontrolle durch die Zollbeamten wartete, schaute ich mich um und beobachtete die vielen Touristen, die besonders aus Deutschland angereist waren, um unserem oft sinnentleerten Weihnachtsfest zu entkommen und sich unter Palmen zu erholen. Unter den Reisenden befanden sich auffallend viele Familien, von denen einige meine Aufmerksamkeit immer wieder in ihren Bann zogen. So zum Beispiel ein liebevoll wirkender Vater Ende 30, der seine schlafende Tochter, die etwa drei Jahre alt war, auf dem Arm hielt und geduldig das Ziehen und Zerren seines vielleicht sieben Jahre alten Sohnes an seinem Hosenbein ertrug. Seine dunkelhaarige, attraktive Frau stand neben ihm und schaute gedankenverloren auf den Boden. Ob sie vielleicht eine Vorahnung dessen hatte, was ein paar Tage später passieren würde?

Ich war zum ersten Mal nach Sri Lanka geflogen, jene Insel, die neben weiteren Küstengebieten im Jahre 2004 von dem Tsunami erschüttert wurde. Hier hatten über 30000 Menschen ihr Leben durch die Flutwelle verloren und zahlreiche Menschen wurden obdachlos. Ich war einer Einladung zu einer Panchakarma-Kur in die Greystones-Villa gefolgt. Die Villa, ein ursprüngliches Haus im Kolonialstil, liegt in den Bergen der Insel. Die Fahrt durch die malerische Landschaft des Inselinneren war sehr schön. Gleichzeitig sehnte ich mich immer wieder ans Meer zurück, weil ich so gerne an der Küste bin. Andauernd kam mir das Bild in den Sinn, das sich mir beim Anflug auf die Insel vom Flugzeugfenster aus geboten hatte: kleine, romantisch anmutende Häuschen am Strand, zwischen Palmen gelegen.

In den nächsten drei Wochen wurden wir morgens um halb sechs von den Gesängen der Waldmönche geweckt, die als kleine buddhistische Gemeinde ganz in der Nähe ihr Kloster hatten. Jeden Morgen – so erfuhr ich – legten die Mönche eine Kassette ein, auf der ihre Mantren rezitiert wurden. Dadurch wurde die ganze Umgebung eine Stunde lang durch einen Lautsprecher mit, so hieß es, Heil bringenden Gesängen überflutet – ob man wollte oder nicht. Und auch wenn ich mich über diese ungewöhnliche Form des Weckdienstes freute, so versuchte ich immer wieder, den Widerspruch zu verstehen, dass sich die Mönche auf der einen Seite von allem Weltlichen zurückzogen, um Erleuchtung zu erlangen, aber auf der anderen Seite so penetrant auf sich aufmerksam machten. Hinzu kam, dass ihre Gesänge durch den Lautsprecher für mich eher stumpf und blechern als heilvoll klangen.

Zum offiziellen Programm gehörte am Morgen als Erstes eine Stunde Yoga. Dann folgten das Frühstück, ayurvedische Massageanwendungen und anschließend ein Mittagessen. Am Nachmittag konnten wir die Ärzte konsultieren oder hatten die Möglichkeit, bei Ausflügen die umliegenden Sehenswürdigkeiten zu erkunden. Daran schloss sich wieder eine Stunde Yoga an, gefolgt von einem Abendessen. Ablenkungen von außen wurden bewusst reduziert, damit wir uns während der Kur möglichst auf uns selbst und auf den körperlichen und geistigen Reinigungsprozess konzentrieren konnten.

Ein besonderer Lichtblick war für mich der Yogaunterricht bei Herbert Mukanda. Seine Anleitungen waren einfach und führten uns immer wieder zu einer Quelle in uns, die unverletzlich und unzerstörbar ist – dem Buddha in uns sozusagen. Wie wichtig es ist, mit dieser Quelle Kontakt aufzunehmen, erfuhren wir besonders an dem Morgen, als das Seebeben von Sumatra die Erde erschütterte und sich tief in die Erinnerung vieler Menschen auf der ganzen Welt eingraben sollte.

An diesem Morgen waren wir, wie auch an den anderen Tagen zuvor, im Yogaraum versammelt. Es war erst kurz nach sieben Uhr, als die Wände und der Boden des Yogaraumes im zweiten Stock der Greystones-Villa plötzlich bebten. Eine Teilnehmerin fragte sofort, ob wir nicht rausgehen sollten. Herbert forderte uns aber stattdessen auf, eine Meditationshaltung einzunehmen, um uns mit dem Teil in uns zu verbinden, der unverletzlich und unzerstörbar ist. Wie er uns in die Meditation führte, zeigte mir, dass er Yoga auf einer ganz tiefen Ebene verstanden hatte. Angst hatte ich keine, denn die Quelle, mit der Herbert uns durch diese Meditation in Kontakt gebracht hatte, war erfüllt von Frieden und Stille. Ein paar Augenblicke später hatte ich das Beben – es dauerte wohl drei Minuten – auch schon wieder vergessen.

Am Abend erhielten wir über besorgte Anrufe unserer Angehörigen erste Nachrichten über die Auswirkungen des Seebebens: Es hieß, dass 300 Menschen durch den Tsunami umgekommen seien. Da wir keinen Fernseher hatten, waren wir, obwohl die Villa nur 200 Kilometer von der betroffenen Küste entfernt lag, noch weiter vom Unglücksort entfernt als die Menschen in Deutschland und anderswo auf der Welt, die nun über die Medien von dramatischen Bildern überflutet wurden. Und während man mir von dem Ausmaß erzählte, bekam ich eine Gänsehaut, denn plötzlich schlug das Gefühl der Sehnsucht, die ich im Verlauf der Kur immer wieder nach der Küste und dem Meer gehabt hatte, um in Dankbarkeit, dass ich in den Bergen und nicht an der Küste war, wo ich wie so viele andere Menschen vielleicht mein Leben verloren hätte. Die Aussage vom Dalai Lama, »Denke daran, dass et-

was, was du nicht bekommst, manchmal eine wunder-
volle Fügung des Schicksals sein kann«, erschien mir in
diesen Tagen in einem ganz neuen Licht.

In den folgenden Tagen erfuhren wir, dass die Zahl
der Toten und Vermissten stündlich anstieg. Aber dadurch, dass wir die Nachrichten nur zeitverzögert erhielten oder von Verwandten, die immer wieder be-
sorgt anriefen, wirkte das ganze Unglück auf mich
unwirklich. Ich wurde immer wieder erfüllt von einem
tiefen Gefühl der Betroffenheit, wenn ich in dem wunderschönen Garten der Villa saß, die blühenden Blumen betrachtete und beobachtete, wie ein Gecko sich
sonnte oder zwei Streifenhörnchen laut quietschend
kopulierten. Die zeit- und raumgleiche Gegensätzlichkeit der Dinge, die vor sich gingen, erschien mir abs-
trus. Wie konnte das Leben auf der einen Seite einen so
wunderschönen Garten zum Blühen bringen, in dem
sich Tiere sonnten und paarten, während auf der anderen Seite, nur wenige Kilometer entfernt, so viele Menschen ihr Leben oder ihre Existenzgrundlage verloren
hatten. Das Paradies mit seinen kleinen malerischen
Hütten, nach dem ich mich immer so gesehnt hatte,
hatte sich in eine Hölle verwandelt.

Mit dem Tsunami kam auch der Regen ins Berg-
land. Es schien, als würde der Himmel um all die Menschen weinen, die ums Leben gekommen waren. Auch
ich weinte immer wieder vor Trauer, aber auch vor
Glückseligkeit, dass ich mein Leben behalten hatte. So
wechselhaft die Gefühle bei mir waren, so gleichför-
mig blieb der Verlauf der Kur. Wir wurden weiterhin

von den blechern klingenden Gesängen der Mönche geweckt, praktizierten weiterhin unser Yoga und wurden weiterhin ayurvedisch behandelt.

Je weiter die Zahl der Todesopfer jedoch stieg, desto betroffener fühlte ich mich. In den Bergen zu sein erschien mir unter diesen Umständen vollkommen sinnlos. Der Gegensatz zwischen meinem Urlaub in diesem wunderschönen Garten und der Villa und dem, was die Menschen an der Küste erlebten, erschien mir so unvorstellbar groß, dass ich Schwierigkeiten hatte, damit klarzukommen.

In den Momenten, in denen mich das Leid der Tsunami-Opfer besonders betroffen machte und ich darüber grübelte, warum dieses Unglück geschehen musste, ging ich in den nahe gelegenen Eukalyptushain, in der Hoffnung, dort eine Antwort auf meine Fragen zu finden. Hier war von der Verwüstung, die der Tsunami angerichtet hatte, nichts zu sehen, alles war friedlich und unberührt, so als wäre nichts geschehen und als gäbe es nur die Schönheit, die Sri Lanka auf der ganzen Welt als Feriendomizil bekannt gemacht hatte. Die Bäume wiegten sich leicht im Wind und ab und zu huschte ein Streifenhörnchen von einem Baum zum nächsten. Was die Stille durchbrach, war das Echo von Schüssen aus der Militärakademie, die zu mir vordrangen, der Schrei einer Krähe, die über mich hinwegflog, oder das Knacken der Äste, das durch einen Affen verursacht wurde, der in meiner unmittelbaren Nähe von Baum zu Baum sprang. Dann war alles wieder ruhig. So, als wäre nichts geschehen.

In den Eukalyptushain hatte ich viele schmerzvolle Fragen und Überlegungen mitgenommen. Es waren Gedanken wie zum Beispiel, dass auch die Erde sich von dem reinigte und befreite, was nicht gut für sie war – nämlich dem Menschen. Aber einen solchen Gedanken zuzulassen fiel mir schwer, denn so brutal kann die Erde doch nicht sein, oder? Warum aber eigentlich nicht, denn warum sollte sie besser mit uns umgehen als wir mit ihr? Warum sollte sie uns von etwas verschonen, was wir ihr täglich antun: Respektlosigkeit und Missachtung.

Auch wenn sie schmerzlich waren, so ließ ich diese Gedanken zu und nahm sie mit in die Stille, an den Ort in mir, wo meine eigene Quelle ist, in der Hoffnung, dort eine sinnvolle Fortführung der Überlegungen zu erfahren oder eine für mich verständliche Antwort auf meine Fragen zu erlangen. Doch anders als erwartet, tauchten all die Gedanken und Fragen in diese Quelle ein und lösten sich dort auf. Denn an diesem Ort, in der Quelle, in der Stille, ist das blecherne Singen der Mönche nicht besser und nicht schlechter als das Töten der Tsunamiwelle, das Quietschen der kopulierenden Streifenhörnchen nicht sinnvoller als das Schießen der Soldaten oder die Yogaübungen, die wir täglich machten. Hier verstand ich zum ersten Mal die Aussage aus dem Dhammapada: »Besser als 100 Jahre zu leben, ohne die Vergänglichkeit zu sehen, ist ein einziger Tag des Erkennens, wie alle Dinge entstehen und vergehen.«

Welch schmerzvolle Erkenntnis, aber gleichzeitig so erleichternd, weil an diesem Ort, an dieser Quelle hört alles Fragen und alles Denken auf. Was bleibt, ist die zeit- und raumgleiche Gegensätzlichkeit der Dinge – und deren Berechtigung in ihrer jeweiligen Art und die Erkenntnis, dass alles kommt und geht, geboren wird und stirbt. Und alles, was passiert, ist Teil des großen Ganzen. Auch wenn wir dies manchmal erst viele Jahre später erkennen.

Rumirah, eine gute Freundin und wichtige Lehrerin

Vor einigen Jahren begleitete ich meine Freundin Rumirah beim Sterben. Dabei war gerade sie die lebenshungrigste Frau, die mir bis dahin begegnet war. Immer fröhlich. Immer offen. Immer auffallend gekleidet. An dem Tag, an dem sie mir von der Diagnose, dass ihre Krankheit nicht mehr heilbar war, erzählte, kam mir ein Satz aus den alten yogischen Schriften in den Sinn: »Jedem Menschen steht eine gewisse Anzahl an Atemzügen zur Verfügung. Ist diese verbraucht, so stirbt er.« Die damals 47-Jährige kannte diese Zeilen.

In den nächsten Jahren wirkte Rumirah allerdings noch atemloser als bisher auf mich: Sie liebte die Männer, das Reisen und das Leben intensiver als zuvor. Dabei scheute sie auch nicht davor zurück, ihre Liebhaber damit zu konfrontieren, dass auch brustamputierte Frauen berührt, geliebt und begehrt werden wollen. Sie reiste von einem Schamanenkongress zum nächsten, besuchte Heiler in Brasilien, Indien und Hawaii. Wir beide hatten nur noch sporadisch Kontakt. Kurz vor ihrem Tod erzählte sie mir, dass sie sich bewusst nur mit Menschen umgeben hatte, die keine Angst vor Brustkrebs hatten. Ich gehörte nicht dazu. Als sie mir von ihrer Diagnose erzählt hatte, hatte mir dies auch jäh ins Bewusstsein gerufen, dass quasi jede Frau an Brustkrebs erkranken und sterben konnte.

Ein Jahr vor ihrem Tod erzählte mir Rumirah von einer Begegnung mit einem indischen Guru. Mit seiner Hilfe hatte sie erfahren, dass es etwas in ihr gab, was unberührt blieb von ihrer Krebserkrankung. Etwas, was auch dann noch weiterleben würde, wenn sie ihren letzten Atemzug getan hatte. In all den Jahren, in denen wir uns kannten, hatten wir oft über dieses Mysterium gesprochen. Wir hatten beide viele Seminare besucht, um mit diesem Teil von uns in Kontakt zu kommen und darin zu ruhen. Nun, am Ende ihres Lebens war genau dies Rumirah gelungen. Darum beneidete ich sie maßlos. Zum ersten Mal seit Beginn unserer Freundschaft nahm ich sie anders wahr. Sie wirkte innerlich frei und strahlte eine gewisse Ruhe aus. Jetzt konnte ich in ihrer Gegenwart entspannen – und einen tiefen Seufzer der Entlastung tun.

Den folgenden Winter wollte Rumirah noch einmal im sonnigen, warmen Indien verbringen. Mit Metastasen. Mit Bauchwasser. Mit einer Reiserücktrittsversicherung. Bereits nach drei Wochen kehrte sie zurück und wurde direkt in ein Krankenhaus eingeliefert. Danach lebte sie für einige Wochen bei Freunden, da sie ihre eigene Wohnung untervermietet hatte. Als ich sie in dieser Zeit zum ersten Mal besuchte, hatte ich große Angst vor der Begegnung. Ich rechnete damit, sie am Boden zerstört und hadernd anzutreffen. Doch sie war bester Laune und ich infolgedessen erleichtert. Sie ruhte nach wie vor in sich selbst und war mit sich und der Welt im Reinen. Jedes Mal, wenn ich sie in diesen Wochen sah, wurde mir klar, wie sehr ich in meinem Alltag gefangen war und was für einen qualitativen Unterschied es macht, bei sich selbst angekommen zu sein.

Anfang Februar des folgenden Jahres zog Rumirah wieder in ihre eigene Wohnung, weil sie bewusst alle möglichen Vorbereitungen für ihre letzte Reise treffen wollte. Eine Ärztin der Palliativstation betreute sie mit Schmerzmitteln und pumpte regelmäßig ihr Bauchwasser ab. In diesen Tagen besuchte ich sie regelmäßig, um mit ihr über ihr Leben und ihren neu gewonnenen inneren Frieden zu sprechen. Es waren wunderschöne und erfüllende Begegnungen, ohne Trauer. Bei diesen Gesprächen musste ich immer wieder an den persischen Dichter Dschalal ad-Din al-Rumi denken, der einmal gesagt hatte: »Jenseits von richtig und falsch, von Du und Ich, gibt es einen Ort: dort werden wir uns begegnen.« Genau an diesem Ort trafen wir uns. Durch Rumirahs Präsenz gelang es mir, mich mit einzuschwingen in diesen unendlich weiten und offenen Raum des Seins. In diesem Zustand wurde Rumirah auch immer bewusster, dass sie nach ihrem physischen Tod nur die Ebene wechseln würde: vom Grobstofflichen hin zum Feinstofflichen.

An jenen klirrend kalten Wintertagen, an denen ich bei Rumirah war, lag sie bereits nur noch im Bett. Eines Abends erzählte sie mir, dass sie beim Sterben gerne von Menschen umgeben wäre, die um die Unsterblichkeit der menschlichen Essenz wussten. Dieses Mal gehörte ich dazu. Ich willigte ein, sie so lange zu begleiten, bis sie ihren letzten Atemzug verbraucht hatte. Dies schien nicht mehr lange zu dauern. Offensichtlich ließ ihre Kraft jeden Tag mehr und mehr nach. Trotzdem war ich beeindruckt von ihrer außerordentlichen geistigen Präsenz. Die Klarheit, mit der sie ihren Umzug ins Hospiz vorbereitete, sich mit den Mitarbeitern des Beerdigungsinstituts unterhielt und alle ungeklärten Beziehungen in Ordnung brachte, imponierte mir zutiefst. Etwas in ihr war hellwach, und das, obwohl sie jetzt für alles doppelt oder dreifach so lange brauchte. Selbst auf den wenigen Metern ins Badezimmer musste sie mehrfach eine Pause einlegen und viele Male bewusst ein- und ausatmen, bevor sie weitergehen konnte. Jeder Atemzug erforderte nun eine enorme Anstrengung.

Immer wieder fragten wir uns lachend, wie viele Atemzüge sie wohl noch hatte. Wir wussten es nicht. Ihre körperliche Erschöpfung führte aber dazu, dass wir an manchen Tagen lange Zeit im Schweigen verbrachten und meine Hände auf ihrem Bauch ruhten, der durch das Wasser vollkommen aufgebläht war. Dann teilten wir einfach die Stille und schwangen uns ein in einen gemeinsamen Atemraum. Er war sanft und absichtslos. Hier fiel plötzlich so viel von uns ab: unsere eigene Geschichte, überflüssige Worte und unsere Masken, hinter denen wir uns im Alltag unbewusst so oft versteckt hatten. In jenen Wochen erhielt Rumirah auch immer wieder Besuch von einer Atemtherapeutin aus der Palliativstation, die ihr half, sich mehr dem Ausatem und der Atempause zwischen Aus- und Einatmen hinzugeben. Loslassen. Geschehen lassen. Offen zu sein für das, was ist. Auch für den letzten Atemzug.

Ende März kam Rumirah ins Hospiz. Mittlerweile war der Frühling gekommen. Die Natur atmete auf. Rumirahs Atem wurde immer schwerer. Die Gespräche wurden kürzer. Die Momente, in denen wir in Stille saßen und ich ihre Hand hielt, wurden länger. Am 1. April feierten 25 Freunde mit ihr auf der Dachterrasse des Hospizes ihre Geburt und ihren Tod zugleich. Der Tod hatte ihr diesen unvergesslichen Tag noch geschenkt. Ihr Körper hatte sich noch ein letztes Mal aufgebäumt und ihr Kraft gegeben, um mit uns zusammen zu sein. Ich war zutiefst berührt, doch traurig war ich nicht. Jedes Mal, wenn ich in Rumirahs Augen schaute, glaubte ich, auf den Grund ihres Wesens blicken zu können, und fand mich selbst in einem Gefühl tiefen Friedens wieder. Ein paar Tage später atmete sie ein letztes Mal aus.

Ihre Abschiedsfeier wurde zu einem unvergesslichen Fest: Ihr Sarg war offen, sie hatte ein rotes Kleid an und badete in einem Meer aus roten und orangefarbenen Rosen. Alle Anwesenden waren ihrem Wunsch gefolgt und trugen bunte Kleidung. Bis auf ihre Mutter. Sie trug Schwarz. Zwei Stunden lang sangen wir indianische Heilungslieder, hawaiianische Übergangsgesänge und indische Mantren. Es war für alle ein unvergessliches Ereignis. Getragen von Rumirahs Liebe zum Leben. Auch hier war ich nicht traurig. Viel zu präsent wirkte sie für mich.

Seit Rumirah tot ist, habe ich nun schon unzählige Male ein- und ausgeatmet. Mal mehr, mal weniger bewusst. Manchmal erinnere ich mich dabei an Rumirah und denke, dass sie mir eine gute Freundin war und während ihrer Krankheit eine große Lehrerin wurde. Die Art, wie sie mit der Vergänglichkeit umging, hat mich nachhaltig beeindruckt und meine eigene Angst vor dem Tod relativiert. Allmählich verblassen manche Erinnerungen aus der Zeit, als sie so sterbenskrank war. Die Momente jedoch, in denen wir uns an jenem Ort begegneten, an dem es kein Du und kein Ich mehr gibt, sondern nur die unsterbliche Essenz, leuchten weiter.

Übung: Der bewusste Umgang
mit der Vergänglichkeit

Ein Schritt auf dem Weg zum bewussten Leben und zum bewussten Sterben ist, sich zu vergegenwärtigen, dass der Tod einen Menschen jeden Moment zu sich holen kann. Die folgende Übung kann Sie darin unterstützen, sich mit dem bewussten Leben und Sterben ein wenig vertrauter zu machen.

- Stellen Sie sich vor, Sie hätten nur noch ein Jahr zu leben. Was löst in Ihnen bei diesem Gedanken die meiste Angst aus?
- Wie können Sie Ihren Alltag gestalten, um diese Angst zu überwinden?
- Wenn Sie noch ein Jahr zu leben hätten, was würden Sie in dieser Zeit gerne tun?
- Was hindert Sie daran, es jetzt, heute oder in diesem Monat zu tun?
- Sollte es Ihnen nicht möglich sein, sich diesen Wunsch ganz zu erfüllen, ist es möglich, Teile davon zu erfüllen?
- Gibt es noch etwas, was zu erledigen ist? Steht es noch aus, Ihr Testament zu schreiben?
- Was genau hält Sie davon ab, Ihr Testament zu schreiben? Machen Sie es jetzt!
- Haben Sie sich überlegt, ob Sie lieber in der Erde bestattet oder verbrannt werden wollen? Schreiben Sie nieder, wie Sie sich Ihre Beerdigung vorstellen. Berücksichtigen Sie dabei Ihre eigenen Wünsche und nicht die Ihrer Familie.

- Gibt es Menschen, mit denen Sie im Streit auseinandergegangen sind? Wäre jetzt nicht eine gute Gelegenheit, den Streit zu beenden?
- Was können Sie sich jeden Tag schenken oder Gutes tun, um am Ende des Tages das Gefühl zu haben, wenn dies Ihr letzter Tag wäre, wäre es ein guter Tag gewesen?
- Meditieren Sie jeden Tag zehn Minuten über die Vergänglichkeit. Machen Sie sich bewusst, dass Sie – und alle Menschen in Ihrem Umfeld – jeden Moment sterben können. Regeln Sie deshalb Ihre letzten Aufgaben wie Patientenverfügung und Testament. Klären Sie aber auch ausstehende Konflikte mit Menschen, die Ihnen wichtig sind.

Nachwort

Die Reise geht weiter. Tagtäglich begegnen mir weiterhin große und kleine Lehrer. Weise und fröhliche, eigensinnige und launische Menschen, die mir den Weg zu mir selbst zeigen. Und jeden Tag entfaltet sich in mir aufs Neue der Wunsch zu erfahren, wer ich bin und wie ich ans Ziel meiner spirituellen Reise kommen kann, wohlwissend, dass es eigentlich kein Ziel gibt, weil wir dieses schon in uns tragen. Vielleicht sehen auch Sie durch dieses Buch die Welt und sich selbst ein wenig anders. Und vielleicht fühlen Sie sich ermutigt, mehr an sich selbst zu glauben, mehr auf Ihr eigenes Bauchgefühl und auf Ihre eigene Stimme zu hören. Dies wünsche ich Ihnen von ganzem Herzen.

Natürlich wird es Rückschläge, Zweifel, Durststrecken oder Herausforderungen geben, denn die tief greifende Erfahrung, dass wir selbst in unserer Essenz reines Gewahrsein sind, macht noch keinen Buddha aus uns. Aber jede Erfahrung bringt uns ein Stück mehr zu uns selbst. Jeder Schritt, den wir bewusst nach innen gehen und nicht mehr im Außen nach Erfüllung suchen, macht uns reicher und glücklicher.

Literatur

Altmann, Andreas: *Triffst du Buddha, töte ihn! Ein Selbstversuch*, Köln 2010

Allione, Tsültrim: *Den Dämonen Nahrung geben. Buddhistische Techniken zur Konfliktlösung*, München 2009

Ash, Mel: *Das Zen der Gesundung. Spirituelle und therapeutische Techniken auf dem Weg von Abhängigkeit zur Freiheit*, München 1997

Ayya Khema: *Die Ewigkeit ist jetzt. Buddhas Lehre lebensnah erfahren und inneren Frieden finden*, München 1998

Bandelow, Borwin: *Das Angstbuch. Woher Ängste kommen und wie man sie bekämpfen kann*, Reinbek 2009

Baraz, James/Shoshana, Alexander: *Freude*, München 2010

Batchelor, Martine: *Innere Grenzen sprengen. Verhaltensmuster verändern und Gewohnheiten loslassen*, München 2009

Bayat, Mojdeh: *Geschichten aus dem Land der Sufis*, Frankfurt a. M. 1998

Bays, Jan Chozen: *Achtsam durch den Tag. 53 federleichte Übungen zur Schulung der Achtsamkeit*, Oberstdorf 2012

Beck, Charlotte Joko: *Zen im Alltag*, München 2005

Berzin, Alexander: *Zwischen Freiheit und Unterwerfung. Chancen und Gefahren spiritueller Lehrer-Schüler-Beziehungen*, Bielefeld 2002

Bottini, Oliver: *Das große O. W. Barth-Buch des Buddhismus*, München 2004

Chang, Garma C. C.: *Die buddhistische Lehre von der Ganzheit des Seins. Das holistische Weltbild der buddhistischen Philosophie*, München 1989

Chödrön, Pema: *Geh an die Orte, die du fürchtest*, Freiburg 2001

Cleary, Thomas: *Zen-Geschichten, Begegnung zwischen Schülern und Meistern,* München 1993

Dalai Lama: *Zuflucht zur Geduld. Worte für alle Tage,* München 2009

Drukpa Rinpoche: *Tibetische Weisheiten,* München 1999

Ennenbach, Matthias: *Praxisbuch Buddhistische Psychotherapie. Konkrete Behandlungsmethoden und Anleitung zur Selbsthilfe,* Oberstdorf 2012

Ennenbach, Matthias: *Buddhistische Psychotherapie. Ein Leitfaden für heilsame Veränderungen,* Oberstdorf 2010

Epstein, Mark: *Gedanken ohne den Denker,* Frankfurt a. M. 1998

Föllmi, Danielle und Oliver: *Die Weisheit Asiens. Tag für Tag,* München 2007

Griffith, Ennea Tess: *Geschichten zur Erleuchtung. Der spirituelle Weg in Geschichten,* Saarbrücken 2000

Hanson, Rick/Mendius, Richard: *Das Gehirn eines Buddha. Die angewandte Neurowissenschaft von Glück, Liebe und Weisheit,* Freiburg 2011

Hanson, Rick/Mendius, Richard: *Meditationen, um das Gehirn zu verändern. Wie wir unsere Nervenbahnen neu verdrahten,* Oberstdorf 2009

Han Shan: *Wer loslässt, hat zwei Hände frei,* Köln 2011

Han Shan: *Achtsamkeit. Die höchste Form des Selbstmanagements,* München 2012

Hesse, Hermann: *Siddhartha. Eine indische Dichtung,* Frankfurt a. M. 1972

Horn, Klaus: *Die Erleuchtungsfalle. Vom Sinn und Unsinn spiritueller Suche,* Niedertaufkirchen 1997

Iding, Doris: *Der kleine Achtsamkeitscoach,* München 2012

Iding, Doris: *Rituale fürs Alleinsein. Wege zur inneren Freiheit,* Krummwisch 2003

Iding, Doris: *Es muss dir nicht bang sein. Weisheiten und Meditationen über Leben und Tod,* München 2004

Iding, Doris: *Alles ist Yoga. Weisheitsgeschichten aus dem Yoga,* Darmstadt 2010

Iding Doris: *Quellen der Heilung: Gespräche mit spirituellen Lehrern, Ärzten und Heilern,* Bielefeld 2012

Jäger, Willigis: *Suche nach dem Sinn des Lebens. Bewusstseinswandel durch den Weg nach innen*, Petersberg 2003

Jäger, Willigis: *Die Welle ist das Meer. Mystische Spiritualität*, Freiburg 2000

Jäger, Willigis: *Aufbruch in ein neues Land. Erfahrungen eines spirituellen Lebens*, Freiburg 2003

Kabat-Zinn, John: *Die heilende Kraft der Achtsamkeit*, Buch mit CDs, Freiburg 2009

Kabat-Zinn, John: *Achtsamkeit und Meditation im täglichen Leben*, Buch mit CDs, Freiburg 2007

Kabat-Zinn, John: *Zur Besinnung kommen: Die Weisheit der Sinne und der Sinn der Achtsamkeit in einer aus den Fugen geratenen Welt*, Freiburg 2008

Kaiser, Annette: *Der Weg hat keinen Namen*, Berlin 2003

Kapleau, Philip: *Die drei Pfeiler des Zen*, München 1994

Kapleau, Philip: *Der vierte Pfeiler des Zen*, München 1997

McKenna, Jed: *Verflixte Erleuchtung. Als Schmetterling unter Raupen*, Winterthur 2004

Kornfield, Jack: *Frag den Buddha und geh den Weg des Herzens*, München 1995

Kornfield, Jack: *Das strahlende Herz der erwachten Liebe*, Freiburg 1991

Kornfield, Jack: *Das Tor des Erwachens. Wie Erleuchtung das tägliche Leben verändert*, München 2000

Kornfield, Jack: *Offen wie der Himmel, weit wie das Meer. Worte der Weisheit für Vergebung und Frieden*, München 2004

Kornfield, Jack: *Buddhas kleines Weisungsbuch*, München 2001

Kornfield, Jack: *Geschichten des Herzens*, Freiburg 1991

Kornfield, Jack: *Das weise Herz*, München 2008

Kopp, Sheldon B.: *Triffst du Buddha unterwegs. Psychotherapie und Selbsterfahrung*, Frankfurt a. M. 1983

Loy, David: *Nondualität. Über die Natur der Wirklichkeit*, Frankfurt a. M. 1988

Magi, Gianluca: *Lieber ein intelligenter Feind als ein dummer Freund. 101 witzige Lehrgeschichten*, München 2009

Maharaj, Nisargadatta: *Ich bin*, Bielefeld 1998

Maharshi, Ramana: *Gespräche des Weisen vom Berge Arunachala,* München 1984

Mannschatz, Marie: *Mit Buddha zu innerer Balance. Wie Sie aus der Achterbahn der Gefühle aussteigen,* München 2011

Mello, Anthony de: *Eine Minute Weisheit,* Freiburg 2001

Mello, Anthony de: *Eine Minute Unsinn,* Freiburg 2001

Mello, Anthony de: *Wer bringt das Pferd zum Fliegen?* Freiburg 2002

Mello, Anthony de: *365 Geschichten, die gut tun. Weisheit für jeden Tag,* Freiburg 2006

Merton, Thomas: *Die Weisheit der Wüste,* Frankfurt a. M. 1999

Merzel, Dennis Genpo: *Durchbruch zum Herzen des Zen,* München 1991

Muktananda: *Der Weg und sein Ziel. Ein Handbuch für die spirituelle Reise,* München 1987

Norbu, Namkhai: *Dzogchen. Der Weg des Lichts,* München 1989

Osho: *Jenseits der Grenzen des Verstandes. Das Märchen von der Psychologie,* Zürich 1997

Ram Dass: *Schrot für die Mühle,* München 1997

Ram Dass: *Reise des Erwachens, Handbuch zur Meditation,* München 1985

Richard, Ursula: *Die drei Pfeiler des Glücks. Achtsamkeit, Freude, Dankbarkeit,* München 2010

Rinpoche, Sogyal: *Funken der Erleuchtung. Buddhistische Weisheit für jeden Tag des Jahres,* München 1998

Russell, Peter: *Quarks, Quanten und Satori. Wissenschaft & Mystik: Zwei Erkenntniswege treffen sich,* Bielefeld 2002

Russell, Peter: *Der direkte Weg. Transzendentale Meditation nach Maharishi Mahesh Yogi,* Bielefeld 2003

Rosenberg, Larry: *Mit jedem Atemzug: Buddhas Weg zu Achtsamkeit und Einsicht,* Freiburg 2002

Segal, Suzanne: *Kollision mit der Unendlichkeit. Ein Leben jenseits des persönlichen Selbst,* Reinbek 2000

Smith, Rodney: *Frei von Selbsttäuschung. Der buddhistische Weg aus der Ego-Falle,* Oberstdorf 2011

Stierle, Evelyn: *Magic is real,* Hamburg 2013

Suzuki, Daisetz Teitaro: *Wesen und Sinn des Buddhismus*, Freiburg 1993

Suzuki, Daisetz Teitaro: *Shunyata. Die Fülle in der Leere*, München 1991

Thich Nhat Hanh: *Kein Werden, kein Vergehen. Buddhistische Weisheit für ein Leben ohne Angst*, München 2008

Thich Nhat Hanh: *Das Herz von Buddhas Lehre. Leiden verwandeln – die Praxis des glücklichen Lebens*, Freiburg 1998

Tolle, Eckhart: *Jetzt! Die Kraft der Gegenwart*, Bielefeld 2010

Troll, Pyar: *Reise ins Nichts. Geschichte eines Erwachens*, Bielefeld 1999

Troll, Pyar: *Poesie der Stille. Tanz des Lebens*, Bielefeld 2002

Braak, André van der: *Liegestütz zur Erleuchtung. Lehrjahre bei einem amerikanischen Guru.* Winterthur 2003

Welwood, John: *Psychotherapie & Buddhismus. Der Weg persönlicher und spiritueller Transformation*, Freiburg 2010

Wilber, Ken: *Wege zum Selbst. Östliche und westliche Ansätze zu persönlichem Wachstum*, München 1984

Wilber, Ken/Ecker, Bruce/Anthony, Dick: *Meister, Gurus, Menschenfänger. Über die Integrität spiritueller Wege*, Frankfurt a. M. 1998

Wolinsky, Stephen: *Die alltägliche Trance. Heilungsansätze in der Quantenpsychologie*, Freiburg 1996

Wolinksky, Stephen: *Quantenbewußtsein. Das experimentelle Handbuch der Quantenpsychologie*, Freiburg 1995

Wolinksky, Stephen: *Die dunkle Seite des inneren Kindes. Der nächste Schritt in der Quantenpsychologie*, Freiburg 1994

Offen, authentisch, hilfreich

Trotz jahrelanger spiritueller Praxis erkrankt Doris
Iding an einer Angststörung. Sie erforscht die tieferen
Ursachen, nimmt sich endlich wieder Zeit für sich
selbst und geht Schritt für Schritt in Richtung Heilung.
Dabei befragt sie spirituelle Lehrer unserer Zeit, Ärzte,
Yoga- und Meditationslehrer und zeigt, wie ihr die
Prinzipien der buddhistischen Psychologie konkret
geholfen haben.

*Ein mutiges und ehrliches Buch
zu einem Tabuthema.*

Doris Iding
Die Angst, der Buddha und ich
Print: 978-3-485-01405-2 · E-Book: 978-3-485-06059-2

nymphenburger

www.nymphenburger-verlag.de

Mit Achtsamkeit die Erde schützen

Das Lebensglück der Menschen hängt untrennbar mit
dem Wohlergehen der Erde zusammen: Nur auf einem
gesunden Planeten können wir gesund leben. Thich
Nhat Hanh hat einen Leitfaden der Achtsamkeit geschrieben, nach dem wir sinnhaft leben und zugleich die
Natur wertschätzen und schützen können.

»Wenn wir wirklich an die Macht des
Planeten glauben, sich selbst zu heilen,
wissen wir, dass er auch uns heilen kann.
Überlassen wir uns nur Mutter Erde, und
sie wird alles für uns tun. Wir sind die
Erde. Die Erde ist eins mit uns.«

Thich Nhat Hanh
Liebesbrief an die Erde

Print: 978-3-485-02802-8 · E-Book: 978-3-485-06100-1

nymphenburger

www.nymphenburger-verlag.de

2,50,‾   ₤42